원서발췌
엔네아데스

고전 명작을 읽는 가장 쉬운 길,
'지식을만드는지식 원서발췌'

축약, 해설, 리라이팅이 아닙니다. 원전의 핵심 내용을 문장 그대로 가져옵니다. 작품의 오리지낼리티를 가감 없이 느낄 수 있습니다.
두껍고 읽기 어려워 책장을 덮어 버리곤 했던 고전을 발췌합니다. 해당 작품을 연구한 전문가가 작품의 정수를 가려 뽑아냅니다. 핵심만 읽기 때문에 더 빠르게 더 많은 고전을 읽을 수 있습니다. 제외된 부분은 중간중간 친절하게 요약 설명합니다. 풍부한 해설과 주석으로 전체 내용을 파악하는 데 무리가 없습니다. 정확한 번역, 적절한 윤문으로 10대에서 80대까지 누구나 쉽게 읽을 수 있습니다. 콤팩트한 사이즈와 분량이므로 간편하게 휴대할 수 있습니다. 수천 쪽의 고전을 발췌된 내용으로 읽고도 전체 의미를 파악할 수 있는 것이 지식을만드는지식 원서발췌의 매직입니다. 발췌율은 표지에 표시하고 발췌 방법은 일러두기에 상세히 밝힙니다.
고전 독자를 발췌 읽기에서 완역 읽기로, 더 나아가 원전 읽기로 안내합니다. 바쁜 현대인들에게 새로운 고전읽기 방법을 제시합니다.

원서발췌
엔네아데스

Ἐννεάδες

플로티노스(Πλωτῖνος) 지음
조규홍 옮김

대한민국, 서울, 지식을만드는지식, 2025

편집자 일러두기

- 이 책은 플로티노스(Plotinos)의 〈엔네아데스(Enneades) I(집) 6(권): 아름다운 것에 관해〉, 〈엔네아데스 V 8: 정신의 아름다움에 관해〉, 〈엔네아데스 III 5: 사랑에 관해〉 등 세 권을 완역한 것입니다.
- 총 54편 중 3편을 선별해 번역했습니다.
- 이 책은 《플로티노스 전집(Plotins Schriften)》(Übersetzung und hg. v. Richard Harder, neubearbeitung mit griechischem Lesetext und Anmerkungen fortgeführt von Rudolf Beutler und Willy Theiler, Felix Meiner Verlag: Hamburg) Bd. I(1956), 2~25쪽, Bd. III(1964), 34~69쪽, Bd. V(1960), 172~198쪽을 저본으로 삼아 번역했습니다. 저본의 편집은 각 작품의 집필 순서로 되어 있어 실제 작품 번호와는 차이가 있습니다.
- 옮긴이는 위의 세 작품이 국내에 처음 번역되는 만큼 특별한 용어의 경우 그리스어를—본문에선 음독 표기로, 각주에선 그리스어 원어로—병기하여 다른 그리스어 고전과 비교할 수 있도록 했습니다.
- 주석은 옮긴이가 저본의 주석(하르더 주)을 선별하고 내용을 덧붙여 작성한 것입니다.
- 독자의 이해를 돕기 위해 옮긴이가 첨가한 어구는 [ ] 속에

넣었습니다. 또한 괄호 안의 말과 바깥 말의 독음이 다를 때도 [ ]를 사용했습니다. 동의어로 보충하고자 하는 어구는 ( ) 속에 넣었습니다.

- { } 속의 문구는 저본의【 】및 ( ) 속의 문구를 그대로 옮긴 것으로, 대부분 필사본의 해독을 위해 권위 있는 연구자들이 그동안 보충한 구절과 단어입니다.
- 원문에서 《 》와 〈 〉로 강조된 부분은 각각 굵은 글씨와 고딕체로 표시했습니다.
- 본문에서 [ ] 속의 숫자는 저본의 쪽수입니다. 그리스어 원문과 비교할 경우 편리하도록 덧붙였습니다.
- 본문에서 〈Enneades〉가 반복되는 경우 〈Enn.〉으로 약기했습니다.
- 외래어 표기는 현행 한글어문규정의 외래어표기법을 따랐습니다.
- 이 책은 2009년 2월 15일 한정판 '고전선집' 시리즈로 처음 출간했습니다. 2015년 12월 24일 표지를 바꿔 '천줄읽기' 시리즈로 다시 출간했다가 이번에 '원서발췌' 시리즈로 옮겨 출간합니다.

차례

엔네아데스

엔네아데스 I 6: 아름다운 것에 관해

1. [2쪽] 아름다움은 시각(視覺)에 있어 완전함이다. 아름다움은 청각에 있어 단어들이 어우러져서도 이루어지고, 모든 음악 안에서도 이루어진다. 왜냐하면 거기서 선율과 리듬이 아름다움을 이루기 때문이다. 우리가 감각을 넘어서 위로 나아간다면, 그래서 아름다운 예술 행위와 실천과 습관들, 나아가 인식 활동과 소위 미덕들에서 아름다움을 추구한다면, 거기서도 아름다움을 보게 될 것이다. 만일 그런 모든 것들 위에 또 다른 어떤 것이 존재한다면, 그것은 틀림없이 그 자체로 드러날 것이다. 그러면 대체 무엇이 물질적인 것들로 하여금 눈에 아름답게 보이도록 만들며, 귀에 소리가 아름답게 들리도록 만드는 것일까? 또한 어째서 그 모든 아름다운 것들이 아름답다고 판단하는 영혼과 관계를 맺게 되었을까? 더 나아가 모든 아름다운 것들은 그대로 하나이며 같은 것일까? 아니면 물질적인 것에 있어 아름다운 것과 또 다른 관점에 있어 아름다운 것은 서로 다른 것인가? 그렇다면 앞의 것은 무엇이고 뒤의 것은 무엇이란 말인가? 이렇게 묻는 까닭은 한편 물질적인 것들의 경우 그런 기체(基體, hypokeimenon) 자

체에서가 아니라 [아름다움에] 참여하는(metheksei) 정도에 따라서 아름다움을 알아보게 되는가 하면, 다른 한편 그 자체로 아름다운 것들이 있기 때문이니, 예컨대 미덕(aretē)의 본성(physis)이 그러하다. 게다가 물질적인 것들 자체는 어떤 때엔 아름답다가도 어떤 때엔 아름답지 않아 보이기도 한다. 그래서 아름다움 자체는 물질적인 존재들과는 다른 것이라고 여겨진다. 그러면 물질적인 존재들 곁에 함께하는 그것은 무엇일까? 그것이 우리가 유심히 관찰해야 할 첫 번째 것이라고 본다.

관찰하는 자의 눈을 자극해서 그 자신에게로 돌리게 하고는 계속 응시하는 데에 즐거움을 느끼도록 이끄는 그것은 무엇일까? 이 물음이 중요한 까닭은, 만일 우리가 그것을 발견하게 된다면, 다른 것을 관찰하는 경우에도 그 자체로 머물러 있는 아름다움의 일정한 요소를 따라 수준(단계)별로 말하는 데 기여할 것이라고 보기 때문이다. 이에 이미 사람들이 운운해 왔듯이, 그 모든 것들에 대해 마치 그에 속한 부분들의 좌우대칭의 균형(symmetria)이 서로에게, 그리고 전체적으로 잡혀 있듯 여겨진다고, 또한 우리 눈에 아름답게 보이도록 만드는 그런 색깔들과 같은 것들에 대해서도 말할 수 있을 것이다. 그래서 아름다움이 바로 그런 것들 각각에게 해당된다고 하거나 나아가 그런 요소들 전체가 함께 이루어 내는 것이라고 말할 수 있을 것이다. 그리하여 아름답게 존재하는 것들은 곧 좌우 대칭의 균형이 잡힌 것들이요, 그런 척도에 부응하는 바를 처음부터 지니고 있는 것들이라고 말할 수 있을 것이다. 그런데 이 같은 주장을 옹호하는 자는 반드시 단순한 존재가 아니라 오로지 복합적인 존재만을 가리켜 아름답다고 말해야 한다. [4쪽] 그러면 이때 그와 같은 복합적인 것들에게 있어 전체가 아름다운 것일 뿐 그 부분들 하나하나가 그 자체로 아름다움을 간직한 것은 아니다. [다시 말해] 아름답기 위해선 모두 결합해야만 한다. 그런데 만일 전체가 아름답다고 한다면, 반드시 그 모든 부분들 또한 아름답다고 해야 한다. 왜냐하면 결코 추한 부분들로부터가 아니라 무엇이든 아름다운 부분들로부터 아름다운 전체가 이루어질 것이라고 여겨지기 때문이다. 만일 그렇지 않다면, 그들의 경우 색깔들이 마치 좌우대칭적인 균형에 의거해서 아름다움을 갖지는 않는 태양의 찬란한 빛처럼 단순하게 아름다운 것과는 다르다고 해야 하니, 각각의 색깔들은 저마다 아름다운 것이라고 말할 수 없게 될 것이다. 사람들이 아름답다고 일컫는 금(金)과 한밤중의 별똥은 과연 왜 아름다운 것일까? 또는 왜 별이 아름답게 비친다고 말할까? 소리의 경우에도 그와 똑같이 단순한 음(개별음)들이 무리를 이룬 것일진대, 저마다의 음이 다채롭게 하나의 전체를 이루어 아름답겠지만, 그와 동시에 하나 하나의 음이 그 자체로 아름답다고 보아야 하지 않을까? 다른 한편 아름다운 얼굴을 가진 어떤 이가 과연 그의 좌우대칭적인 균형을 변함없이 지니고 있음에도 불구하고 한때는 아름답게, 한때는 그렇지 않게 비친다면, 좌우대칭의 균형에 근거해서만 아름답다고 말하는 주장과는 다르게 생각할 수밖에 없지 않은가! 오히려 좌우대칭의 균형을 지닌 것조차도 (그와) 다른 것을 통해서 아름답다고 해야 하지 않을까?

만일 아름다운 행위나 아름다운 말(언어)들의 경우에도 좌우대칭의 균형을 계속 찾아보겠다고 한다면, 그래서 그런 것들의 경우에도 그 원인으로서 좌우대칭의 균형을 꾸준히 생각해 보겠다면, 대체 그 같은 행위들 안에서 아름다움의 원인으로서 무엇이 좌우대칭의 균형이라고 말해야 할까? 예컨대 법률(nomos)들, 혹은 가르침들, 혹은 지식들이라고 해야 할까? 왜냐하면 거기서 관찰되는 [아름다운] 것들이란 [그에 속한 부분들이] 서로 간에 균형을 유지하는 것들(모순적이지 않은 것들)로 여겨지기 때문일 것이니, 그렇지 않으면 어째서 그런 것들을 가리켜 아름답다고 할 수 있겠는가! 만일 거기서 조화로운 점이 발견된다면, 그래서 나쁜 명제들의 경우에도 일치(homologia)나 나아가 적절한 조화(symphonia)가 발견된다면 어떻게 말해야 할까? 예를 들어 '절제는 어리석을 만큼 단순하다'는 명제에 '정의를 이뤄 내는 힘은 융통성 없는 단순함이다'는 명제가 잘 어울리고 서로 뜻이 통하여 일치하는 명제라고 한다면 말이다. 모든 미덕(美德)은 영혼의 아름다움이다. 미덕은 앞서 거론했던 것들보다 훨씬 더 참된 의미에서 아름다움이라고 한다. 그러면 어떻게 미덕 안에서 좌우대칭의 균형을 찾을 수 있을까? 더구나 영혼을 두고 그렇듯 크기라든지 숫자를 통해 좌우대칭의 균형을 이야기할 수 없다면 말이다. 나아가 설령 영혼을 충분히 부분들로 나눌 수 있다손 치더라도, 그런 부분들의 {혹은 그렇게 비쳐지는 부분들의}[1] 종합 혹은 혼합과 관련하여 좌우대칭의 균형을 어떤 논리로 설명할 수 있을까? [영혼 안에] 변함없이 머물러 있는 '정신(nous)'의 아름다움은 도대체 무엇이라 말해야 할까?

2. [6쪽] 그러면 다시금 생각을 가다듬어 먼저 육체적인

---

1) { } 속의 문구는 번역을 위해 채택한 하르더(Harder) 판(그리스어 원문)에서 그대로 옮긴 것으로서 대부분 필사본의 해독을 위해 그동안 권위 있는 연구자들이 보충한 구절 및 단어를 가리킨다.

것들 안에 존재하는 아름다움은 무엇이라고 해야 할지 말해 보자. 그렇게 시도하는 까닭은, 처음 던지는 눈길에도 지각되는 어떤 (아름다운) 것이 있기 때문이다. 그래서 영혼이 거기에 함께했던 것처럼 간주하고, 나아가 영혼이 그것을 이미 알고 있었음을 인정하고는 흡사 [바라본 그것과] 서로 닮아 있었던 것처럼 사람들은 말한다. 반면에 영혼이 추한 것과 눈을 마주칠 경우 움찔하여 뒤로 물러나며 눈을 감게 되거나, 아예 어울리지 않아서 그저 낯설게만 여겨지는 그것을 회피하려 든다. 사실상 영혼은 존재하는 것이 현재 있는 그대로의 모습을 취하게끔 하는 본성과도 같으며, 또한 그런 모습으로 존재하는 것들 안에서 그들보다 더 높은 단계의 존재 앞에 마주 서 있다고[2] 사람들은 말한다. 그것은 영혼이 저 높은 단계에 존재하는 것과 가까운 관계에 있거나 친척 관계에 있음을 알려 주는 어떤 흔적이라고 하겠는데, 영혼은 그런 자신의 위상을 기꺼워하면서도 한편 그에 대해 경이감도 함께 갖고 있다. 그래서 영혼은 그것(저 높은 단계에 존재하는 것)을 향해 자신을 드높이는 중에 기억을 되살림으로써 자신에게 존재하

2) ὡς την φύσιν οὖσα ὅπερ ἐστὶ καὶ πρὸς τῆς κρείττονος ἐν τοῖς οὖσιν οὐσίας(2.7～8)을 의역한 것이다.

는 어떤 것[역량]을 회복하게 된다. 그러면 이 세상의 것들에게서 무엇이 저편의 아름다운 것들과 닮아 있다는 것일까? 왜냐하면 만일 닮아 있다면, 거기엔 동일한 부분이 있음을 가리키기 때문이다. 어떻게 이편의 아름다운 것이 저편의 아름다운 것과 동일할 수 있을까? 우리는 그 이유를 '형상(形相, eidos)들에의 참여(參與)' 때문이라고 말한다. 왜냐하면 모든 무형(無形)의 것은 형태(morphē) 및 형상을 수용함으로써 일정한 모습을 갖출 수 있기 때문이다. 그래서 로고스(logos) 및 형상에 참여하지 못한 그 어떤 것은 추하고 신적인 로고스 바깥에 존재하는 것이요, 그런 점에서 모두 아름답지 못한 것이라고 말한다. 한마디로 형상 및 로고스를 따라 전체적으로 질서 정연하게 정돈되지 못한 것은 추하다는 것이다. 그것은 [이 세상에서] 물질(hylē)의 상태가 저 형상에 온전하게 일치해서 존재하지 못함을 가리킨다. 이때 형상은 다양한 부분들이 합쳐져서 하나로 존재하게 될 때(to esomenon hen) 분명히 드러날 것인데, 그 형상이 모든 (다양한) 것들을 질서 정연하게 하여 모두가 하나로 존재하게끔 이끄는 데 기여해 왔다고 본다. 그래서 형상은 그 모든 것들에게 어울리는 하나-됨을 조장한다고 말할 수 있다. 왜냐하면 형상은 그 자체로 이미 하나로 존재해 왔으며, 자신의 형상을 통해 형상 수용자로 하여금 다양한 것들로 합쳐져서 존재할 수 있는 능력을 가진 것처럼 존재하도록 이끌기 때문이다. 그렇게 형상의 아름다움은 그(세상의 형상 수용자) 위에 옥좌에 군림하듯 앉아서 합쳐진 것들을 하나로 이끌기 위해 그것들에게 하나도 빠짐없이 자기 자신을 내어 준다. 바로 그때 비로소 어떤 하나가 존재하게 되면서 거기에 속한 다양한 부분들이 동일한 모습을 띠게 된다. 저 (형상의) 아름다움이 하나의 전체를 선사한 것이다. 그것은 흡사 [장인의] 기술이 (각각의) 부분들을 가지고 전체로서의 집(건물)에다 마침내 아름다움을 선사하는 것, 혹은 어떤 자연 본성이 하나의 돌[石]에다 아름다움을 선사하는 것과 같다고 하겠다.

3. [8쪽] 그렇듯 아름다운 육체(soma)는 신(神)들로부터 선사된 로고스와의 친교(koinonia)에서 생겨난다. 그 아름다움이 자신에게 내려진 능력임을 알게 될 때, 무엇보다도 우선 제 자신에 속한 것들에 대한 판단(krisis)을 위해 끌어들일 것이요, 나아가 다른 영혼이 결정하는 것도 도와줄 것이다. 어쩌면 그 능력은 서로 닮아 있음을 알아보는 것을 가리키는 것처럼 보인다. 그래서 영혼이 자기 내면에서 내다보는 저편의 것을 통해 판단을 내릴 수 있게

되었다고 하겠으니, 그것은 마치 곧은 것을 잣대로 삼는 것과 같다고 하겠다.[3] 그런데 어떻게 육체 주변에 자리하는 아름다움이 그 너머의 것과 일치한다는 것일까? 어떻게 건축가가 집의 외양(外樣)을 집 안에 존재하는 그것과 일치하는지를 내다보면서 그것이 아름답다고 말한다는 것인가? 아니면 [단지] 집의 외양이 아름답다고 말하는 것일까? 나아가 만일 네가 돌들을 쪼갠다면, 그 돌 속의 내적인 형상이 물질의 외적인 크기와 마찬가지로 쪼개짐으로써 나눠지지 않는 것(ameres on)이 [마치] 다양한 모습으로 드러나게 된다는 것일까? [그것은 아닌 것 같다!] 차라리 우리의 감각(aisthesis)이 육체 안에 존재하면서도 육체와 반대되는 본성으로 인해 무형으로 존재하는 형상(形相)을 지각하게 될 때, 그때마다 보여 주는 다양한 모습

3) 우리가 판단하는 그 모든 '옳음(rightness)'의 근거는 한결같이 "영혼"에 있음을 플로티노스는 말하고 있다. 옳음의 척도가 우리 자신에게서 발견되지 않는다면, 대체 어떻게 '옳은 것'을 '옳다!'고 판단하고 '옳지 않은 것'을 '옳지 않다!'고 판단할 수 있을까? 물론 이 같은 주장이 종래의 프로타고라스의 명제, 곧 "인간이 만물의 척도(homo-mensura)"라는 의미와 같은 노선은 아니다. 오히려 '주관적-상대적'인 척도의 성격을 넘어서 플로티노스는 "하나(τὸ ἕν)"에게서 궁극적으로 그 판단의 원천을 발견한다는 점에서 프로타고라스의 입장과 판이하게 구별된다.

(morphē)들과 비교되는 어떤 두드러진 고유 모습을 목격하게 될 것이다. 그래서 그 고유 모습(본질적인 모습)이 그 육체의 다양한 모습들을 모두 한자리에 모아 위로 들어 올려 결국 그 내면의 나눠지지 않는 자신을 향하도록 이끌고는 그들에게 일치와 닮음과 친근성을 부여한다고 말해야만 할 것 같다. 그래서 어떤 고상한 어른에게서는 젊은 시절부터 간직해 온 미덕의 아름다운 흔적이 목격되는 것처럼 그의 내면에 저 참된 형상과의 일치가 꾸준히 이루어져 왔다고 말해야 할 것이다!

나아가 색상의 아름다움은 외관상 단순한 반면, 물질 속의 어둠은 빛의 부재(不在)로 말미암아 초래된다. 이때 빛은 비물질적인 존재와 같아 차라리 로고스적이면서 형상적(본질적)인 것이라 하겠다. 그런 까닭에 불[火] 자체는 또한 다른 물체들보다 더 아름답다고 하겠으니, 그것은 다른 요소들에 비해 형상의 수준이 탁월하기 때문이다. 불은 위계상 위에 존재한다. 그래서 다른 물체들과 비교할 때 가장 순수하기에 비물질적인 것에 가까운 존재라고 말할 수 있다. 그 이유는 다른 것(물체)들이 그것(불)을 받아들이는 반면, {불이 다른 것들은 뜨겁게 데우는 반면, 불 자체는 그로 인해 차가워지지 않기 때문에} 불은 다른 것들을 자기 안으로 받아들이지 않는다고 보기 때문이다. 또한 처음부터 [10쪽] 불은 자신의 색을 유지해 오는 반면, 다른 것들은 불에 의해서 색채가 바랜다. 그러니 불은 과연 변함없는 형상적 존재처럼 빛나고 번쩍거린다. 그러나 불도 빛이 사그라지는 것을 스스로 통제할 수 없으니 [절대적으로] 아름답다고는 말할 수 없다. 그것은 불이 색채의 형상들 전체에 참여하지는 못함을 뜻한다고 하겠다. 여러 소리들 가운데서 화음을 이룬다는 것은 곧 드러나지 않은 음(音)들 사이에서 분명하게 드러나는 음(音)을 만들어 내는 것과도 같으며, 그것은 영혼이 아름답게 드러나는 그 자리에 함께 존재하도록 만든 것이라고도 하겠다. 그래서 아름다움의 경험은 영혼이 다른 것 안에서 제 자신을 발견해 내는 것(deiksis)이라고 말할 수 있다.4) 그러니 감각적인 조화에 있어 본래적인 것은 그 어떤 척도 아래 파악되는 것이 분명하다. 그러나 여기서 아름다움의 척도는 결코 임의로 파악되는 '수(數)'와 관련해서가 아니라 오로지 '이데아(형상)'의 산출에 종사하는 그 무엇(정신)에

4) '아름다움의 발견' 혹은 그에 대한 경험이 "영혼의 자기 발견"과 결부된다는 이 논조는 플로티노스의 작품 어디서든 확인할 수 있는 입장이다. 그리하여 그에게는 언제든 '아름다운 자가 아름다움을 알아본다'는 논리가 인식론적으로 타당성으로 갖는다.

의해서 결정된다고 해야 할 것이다.

그러므로 감각적으로 아름다운 것들에 관해 말하자면, 그것들은 사실 물질 안으로 깊숙이 떨어져 나간 [정신의] 모상들(eidola)이자 동시에 그림자들(skiai)로서 현재의 질서 정연한 모습을 이루게 하면서 그런 놀라운 모습들을 환히 드러나게 한 것이다.

4. 좀 더 앞선 아름다움에 관해 말하자면, 그것들은 감각이 헤아리기에는 힘에 부치는 것들로서 영혼이 감각기관들과 상관없이 알아보고 또 진술해 내는 것들이다. 그 상위의 아름다움을 보기 위해서 영혼은 위로 올라가고 감각은 아래에 머물러 있어야만 한다. 감각적인 것들의 아름다움을 본 적도 없고 아름답다고 하는 그런 느낌조차 갖지 못한, 소위 처음부터 맹인으로 태어난 어떤 자가 감각적인 아름다움에 대해 왈가왈부할 수 없는 것처럼, 그런 아름다움들에 관해 궁구하거나 지적(知的)으로 알아보려고 하지도 않았거나 그와 유사한 다른 아름다움에 대해서 입증해 본 적도 없는 이들에게서 그런 아름다움에 대한 연구나 그와 관련된 방법 자체가 논해질 수는 없을 것이다. 마치 정의(正義)와 절제(節制)의 얼굴이 아름답다는 사실을 단 한 번도 접해 보지 못한 자들에게는 미덕의 광채에

대한 논의가 불가능하듯이 말이다. 그래서 [이를 경험한 자들에게서는] 미덕에 비해 "저녁별이나 아침별의 찬란한 광채도 그렇듯 눈부시게 아름답지는 못하다"[5]는 말이 전해져 온다. 그러나 영혼이 그 같은 아름다움을 마주할 수 있는 바로 거기까지 시야를 열어 놓아야 하는데, 거기서 (영혼의) 눈이 열린다면, 이 세상에서 앞서 본 것들보다 그렇듯 이미 참된 것들로 채워진 그런 것들을 두고 훨씬 더 많이 기뻐하고 매력을 느끼고 흥분하게 될 것이다. 왜냐하면 그런 것들은 그때마다 아름다운 것 가운데 하나로서 [바라보는 이들에게] 감동을 줌으로써 틀림없이 놀라움이나 달콤한 전율, 다그침 및 열정, 나아가 기쁨을 가져다주는 흥분을 고무시킬 것이기 때문이다. 그래서 사람들은 그런 것들을 경험하고 영혼들이 그런 것들을 겪으면서 눈으로 보지 못한 [12쪽] 그 모든 것들에 대해서도, 앞서 말했듯이, 그렇게 알아볼 수 있다고 하겠다. 한편 그런 정신적인 것들에게 열정을 느꼈던 사람들은 훨씬 더 많이 알아

---

5) 아리스토텔레스의 《니코마코스 윤리학(Ethica Nikomachaea)》, 1129b. 27~30 참조. "정의"는 가장 완전한 미덕이다. 그래서 "그것은 다른 어떤 미덕 앞에서도 '저녁별이나 아침별의 찬란한 광채도 그처럼 눈부시게 아름답지 못하다'는 표현이 어울리며, 그로써 '정의 안에는 모든 미덕이 함께 자리한다'는 격언도 생겨났다."

볼 수 있다고 하겠으니, 그것은 마치 육체적인 것들 사이에서 열정을 느끼는 자들이 더 많은 것들을 추구하는 것과 똑같은 이치라고 하겠다. 다른 한편 모두가 동등하게 열정을 품지는 않으며, 더 많은 열정을 품은 이들이 더욱더 강렬하게 추구하게 된다는 사실을 두고 사람들은 '사랑(eros)'을 운운한다.

5. 과연 감각적이지 않은 것들에 관해서도 열정을 느끼는지 물어야 한다. '너희는 아름다운 예술 활동,[6] 아름다운 방법들, 겸허한 관행들, 전적으로 덕스러운 행위들이나 태도들과 각 영혼들의 아름다움이라 칭하는 것들을 겪으면서 무엇을 느끼는가? 너희가 아름다운 어떤 것들을 너희 자신 안에서 발견하면서 아름답다고 경험하는 것은 무슨 까닭이며, 어째서 너희는 탐닉과 흥분에 빠지다가도 그런 육체적인 것들에서 끌어내 모은 [정신적인] 아름다움들과 너희 자신이 하나가 되려고 애쓰는 것인가?' 그것은 너희가 진정으로 너희에게 열정을 불러일으키는 것들과 마주했기 때문일 것이다. 그러면 그런 것들과 마주하는 장본인은 누구일까? [내가 볼 때] 그것은 형태 · 색채 · 크

6) 플라톤, 《향연(Symposion)》, 210c 참조.

기를 갖는 어떤 것도 아닌 바로 영혼이라고 생각한다. 곧 색채와 무관한 자신으로서, 또한 색채와 무관하면서도 정작 절제력을 가진, 그래서 다른 미덕들의 광채로 여겨지는 영혼이라고 생각한다. 왜냐하면 영혼은 그 자체로 그런 것들을 알아보든가, 아니면 그와 다른 것(육체) 안에서도 영혼의 크기는 물론 의로운 관행과 순수한 절제 및 강인한 얼굴에서 빛나는 용기를 알아볼 수 있기 때문이다. 또한 영혼은 위엄과 지속적인 경외심, 평온한 심정으로 격분하거나 그 밖의 과격한 감정이 없는 (차분한) 태도를 알아볼 수 있게 해 줌으로써 그런 모든 이들 위에 신(神)을 직관하는 정신을 밝혀 주기 때문이다. 이런 점들이 경이롭고도 사랑을 불러일으키는 것이요, 영혼들이 아름답다고 하는 이유가 아닐까? 왜냐하면 아름다운 것은 존재하며 또 드러나기 마련이니, 그것을 바라본 이는 그것이 참으로 있는 그대로 존재한다고 말하는 것 외에 다른 어떤 말을 할 수 없기 때문이다. 참으로 존재한다는 것이란, 아름다운 것이 아니라면 무엇이겠는가? 그러면 존재하는 그것(아름다운 것)이 영혼으로 하여금 열정을 품도록 만들었다고 할 때, 그것을 다른 말로 무어라 해야 할까? 모든 미덕들을 능가하여 마치 빛처럼 영혼을 진작시키는 그것을 무엇이라 말해야 할까? 그 반대 경우들도 생각해 보자! 곧 아름다움과 비교가 되는, 소위 영혼과 관련하여 추하다고 일컫는 것들을 고려해 보자! 왜냐하면 추한 것이 어떻게 존재하게 되고 또 무엇 때문에 그렇듯 추하게 나타나는지 그 논리 역시도 우리가 지금 밟아 가는 논의를 위해 아마 함께 거들어 줄 것이기 때문이다. 한편 추한 영혼을 가리켜 우리는 방탕하고도 불의하다고 말할 수 있을 것이다. [왜냐하면] 많은 욕정으로 가득 차거나 분답(紛沓)한 영혼, 비겁함으로 인해 두려움에 휩싸인 영혼, [14쪽] 소심함으로 인해 질투에 빠진 영혼, 또한 정작 골몰하는 그 모든 지적인 판단들이 세속적이고 저급한 것에 빠져 있는 영혼, 어디서든 비뚤어진 마음으로 순수하지 못한 것들을 따라 쾌락을 쫓는 영혼은 육체를 통해 겪게 되는 그 어떤 것을 쾌락의 일종으로 여기며 살아가는 생명체로서 추한 영혼이라 말할 수 있기 때문이다. 이 같은 추함 자체를 두고 우리는 영혼에게 마치 우발적인 악(epakton kakon)이 덧붙여진 것이라고 말해서는 안 될까? 그도 그럴 것이 우발적인 악은 영혼에게 해(害)를 끼치는 것으로서 영혼을 불순하게 만들어 많은 악한 것들과 함께 뒤섞어 버림으로써[7] 생명과 감각을 순수하게 유지하지 못하게 하고, 오히려 악

7) 플라톤, 《파이드로스》, 66b 참조.

과의 혼합으로 음침한 삶을 영위하도록 이끌어 많은 사멸할 것들과 뒤죽박죽으로 만들어 왔기 때문이다. 그래서 영혼이 정작 보아야 할 것을 보지 못하게끔 한다. 또한 자신 안에 조용히 침잠할 수 없게 해서 항상 바깥을 향해, 나쁜 것을 향해, 음침한 것을 향해 마음을 빼앗기게 만들기 때문이다. 내가 볼 때 그런 추한 영혼들은 불순해서 과연 어디서든 감각적으로 다가온 것들에 대해 매력을 느끼고 거기에 사로잡히고 만다. 많은 육체적인 것들과 뒤섞여 있기 때문에, 또한 많은 물질적인 것들과 하나가 되어 버렸기 때문에, 그런 혼란으로 말미암아 그것들을 마치 자신으로 알아봄으로써 '엉뚱한 형상(eidos heteron)'을 손으로 붙들게 된 것이다. 마치 누군가가 진창이나 오물에 흠뻑 젖어 버리면 이전에 아름다운 것이 전혀 나타나지 않고 온통 진창과 오물로 드러나는 것처럼 혼란에 빠진다. 그에게서 실상 추한 것은 [자신과 다른] 이질적인 것이 덧붙여진 것에 지나지 않는다. 그래서 만일 다시 아름다워지려면, 그에게 할 일은 더러운 것들을 제거하고, 이전의 모습으로 자신을 정화하는 일이다. 그러므로 우리가 추한 영혼을 두고 혼합되었거나 뒤섞여 버린 상태라고 말할 경우 그것은 육체나 물질로 치닫는 경향을 띤다고 정당하게 설명할 수 있을 것이다. 그래서 순수하지 못하거나 금전

같은 것에 정직하지 못하거나 세속적인 것들에 집착할 경우 그런 영혼을 추하다고 하는 것이다. 그러나 만일 어떤 이가 그런 집착을 중지하고 금전적인 일에 엄정하다면, 그래서 자신과는 다른 것들 곁에서 오로지 자신 하나만으로 머무를 수 있다면, 그는 아름다워질 것이다. 영혼 역시 이 같은 모습을 취한다. 육체를 통한 행동으로써 얻고자 애쓰는 저 욕망으로부터 떨어져 홀연히 존재하게 된다면, 영혼은 다른 감정들로부터 자유로워지고 육체적인 성향들을 정화시킬 수 있을 것이다. 그리하여 오로지 자신만이 남게 되어 또 다른 본성에 따라 이끌린 추한 것은 모두 떨어져 나가게 될 것이다.

6. [16쪽] 왜냐하면 옛사람들의 가르침처럼 사실상 절제와 용기, 그리고 모든 미덕이 카타르시스(katharsis), 곧 정화(淨化)이기 때문이요, 지혜 자체도 그러하다고 하겠다. 그 때문에 신비주의자들이 알아듣기 힘든 말로 불순한 이들을 정당하게 가르쳐 왔듯이,[8] 그들은 '하데스(Hades)로 떨어져 진창에서 뒹굴 것'이라고 말했으니, 그것은 불순한 이가 악한 것을 좋아하는 이유로 진창을 편히

8) 앞의 책, 69c 참조.

여기기 때문이다. 그들은 정녕 돼지처럼 몸이 깨끗하지 못해서 그런 곳에서 기쁨을 찾는 셈이다. 그도 그럴 것이 대체 육체의 쾌락과 결합하는 것을 경계하는 일 외에 절제가 진정 추구하는 바가 무엇이겠는가? 저 (무절제한) 이들은 불순하기 때문에 불순한 것들을 뒤쫓는 것이 아니겠는가? 한편 용기가 죽음을 두려워하지 않는 것이라면, 다른 한편 죽음은 영혼을 육체로부터 갈라 세우는 것이다. 그러므로 [육체와 갈라져] 혼자가 되는 것을 기꺼워하는 영혼은 죽음을 두려워하지 않는다. 위대한 영혼의 자태(megalopsychia)는 과연 세상에 속한 것들을 눈여겨보지 않음에 있다. 한편 지혜는 이 아래에 놓인 것들에게서 멀리 벗어나는 일과 관련된 사유(noesis)다. 그래서 지혜는 영혼을 저 위에 존재하는 것들에게로 이끈다.

영혼이 정화하면서 형상과 로고스가 되고, 모두 비육체적이고 정신적인 것이 되어 결국 전적으로 신적인 것에 속하게 되는데, 바로 거기에 아름다움의 원천이 자리하여 그와 이웃하는 모든 것들이 그렇듯 아름답게 나타난다. 이제 영혼이 정신을 향해 상승하게 되면 훨씬 더 아름다워질 것이다. 정신과 정신에 의해 존재하는 것들의 아름다움은 영혼에게 낯익은 것들이요, 그래서 자신과 이질적인 것으로 여기지 않는다. 왜냐하면 거기엔 참으로 영혼에 어울리는 것만이 존재할 것이기 때문이다. 그 때문에 선한 것과 아름다운 것은 영혼을 신(神)과 동일한 모습으로(homoiothenai) 존재하게끔 이끈다고 당당하게 말할 수 있다. 왜냐하면 저편의 세계에 존재한다는 것은 아름다운 것과 운명(moira)에 따른 것, 아니, 보다 더 정확하게 말해 거기 존재하는 것들은 [모두] 아름답기 때문이다. 그와 다른 것을 추구하는 본성이 추한 것이요, 그 추한 것 자체가 곧 첫 번째 악이다. 그렇게 저편에는 선한 것과 아름다운 것이, 혹은 선(善)과 아름다움이 같은 것(tauton)이다. 그러므로 아름다운 것을 찾는 것이 선한 것을 찾는 것이고, 반대로 추한 것을 찾는 것이 곧 악한 것을 찾는 것과 같다.9) 그래서 첫 번째로 찾는 것을 아름다움으로 정하면,

---

9) 르네상스 시기의 철학자 피치노(M. Ficino)의 《사랑론(De amore)》 II, 9에 소개된 핵심 명제, "사랑은 아름다움을 향유하려는 욕망이다(Amor enim fruende pulchritudinis desiderium est)" 곁에는 옥스퍼드 필사본(fol. 16v)의 경우 피치노의 메모처럼 보이는 (그의 친구) 크리스토포로 란디노의 시구가 적혀 있다[S. Jayne, 《Commentary on Platon's Symposium on Love》(Woodstock, 21999), 61쪽. "Namque amor a pulchro cum sit perculsa cupido./ Pulchrum amat et pulchris qaudet imaginibus,/ At quodcumque bonum, pulchrum est, turpe omne nefandum:/ Sic bona deposcit, sic mala vitat amor." 풀어 본다면, "사랑

그것은 곧 선을 찾는 것과 같다. 선으로부터 정신은 즉각 아름다움을 말해 주기에, 영혼은 그 정신으로 아름다움을 알아본다. 그 밖의 다른 것들은 이미 형태를 관장하는 영혼(psyche morphousis)에 의해 아름답게 된다. 예컨대 영혼의 실천 혹은 구체적인 활동을 통해서 말이다. 그리하여 사실상 육체적인 것들 역시 그렇게 아름답게 존재하도록 영혼이 [18쪽] 이미 주도했다고 말할 수 있다. 그도 그럴 것이 영혼은 신적인 존재이며, 마치 아름다운 몫을 분배하는 운명(moira)과도 같기 때문이다. 그래서 영혼이 만지고 판단하는 것들로 하여금 [저편의 아름다움에] 참여할 수 있도록(metalabein) 이끌어서 그렇듯 아름다운 것들로 만들어 낸다.

7. 그러면 이제 위로 나아가 모든 영혼이 추구하는 선(善)을 생각해 보도록 하자! 만일 누군가가 그것(선)과 마주한다면, 당장 그것이 얼마나 아름다운지 알아보게 될 것이라고 나는 말하고 싶다. 왜냐하면 그것이 좋은 것(선)인

이란 아름다운 것에 얻어맞고픈 열망이라/ 그 열망은 아름다운 것을 사랑하고 상상하며 기꺼워하노니/ 선한 것은 모두 아름답고, 악한 것은 모두 추한 것이라 보자면/ 선을 기뻐하고 악을 물리침 또한 사랑이라 하더이다".

만큼 열망하는 것이요, 열망하는 것은 결국 그와 같은 것을 향해 나아가는 것을 가리키기 때문이다. 그에 대한 성취욕이 우리로 하여금 위를 향해 계속 나아가도록 해 우리를 회두(回頭)시키고, 우리가 [이 지상에] 하강할 때 걸쳤던 옷가지들을 벗어 버리게 할 것이다. {이는 마치 신전의 거룩한 이들을 향해 올라가는 이들이 몸을 깨끗이 닦는 일(정화)과 그전까지 걸쳤던 장신구들을 떼어 내는 일, 나아가 벌거벗은 몸으로 올라가는 일과 흡사하다.} 그래서 누군가가 위로 오르는 중에 신에게 이질적인 그런 모든 것들을 뒤로하고, 오로지 자신 안에서 신만을 바라보며, 때가 묻지 않도록 순수하고 깨끗하게 자신을 닦아 낸다면, 모든 것들이 신에게 의지하며 또 신을 예의 주시할 뿐만 아니라 신으로 말미암아 존재하며 살아가고 또 사유한다는 사실을 깨닫게 될 것이다. 왜냐하면 신이 곧 생명과 정신과 존재의 원인(aitios)이기 때문이다. 누군들 신을 보게 된다면, [신에 대한] 사랑의 힘이 용솟음치지 않겠으며, 신과 합일하고픈 갈망이 생겨나지 않겠는가! 그 같은 경이로움을 어찌 쾌락과 견주겠는가? 왜냐하면 아직까지 신을 보지 못한 이조차도 신을 선(善)처럼 여기고 열심히 찾고 있으니 말이다. 반면 신과 마주한 이는 처음부터 신의 아름다움에 탄복하고 즐거움과 함께 놀라움으로 가득찰 것이니 전혀 손상당하는 일 없이 경이로움에 빠져들어 참된 사랑을 품게 될 것이다. 그래서 그는 고통을 주는 갈망이나 그 밖의 다른 사랑을 하찮게 여기며, 예전에 아름다운 것으로 여겼던 것들을 두고 부끄럽게 여기게 될 것이다. 신(theos)을 보거나 정령(daimōn)과의 만남을 경험한 이들이 그러하듯이 물질적인 것 곁에서 느끼는 아름다움을 그런 경험과 같은 것으로 인정할 수 없을 것이다. '만일 누군가가 아름다움 자체를 보게 된다면, 정작 그 밖에 무엇을 또 추구하려고 할까?' 자기 자신의 '순수함, 곧 육체가 관계하지 않는 상태', 그러니까 육체적으로 전혀 '영향을 받지' 않는 상태, 땅이나 하늘 혹은 그와 유사한 것들과 무관하게 있는 상태에서 순수하게 머물러 있으려는 아름다움 자체를 마주하게 된다면 말이다. 반면 이 세상의 모든 것들은 낯선 첨가나 혼합으로 이루어져 있는 까닭에, 최초의 존재가 아니며 물론 저편의 세계에 속하는 것도 아닐 것이니 말이다. 만일 모든 것들에게 아름다움을 부여하는 저편의 세계를 바라본다면, 그런 아름다움을 제공받은 자기 자신 안에 머무르면서 다른 것은 일체 받아들이지 않고, 그렇듯 알게 된 고상한 것 곁에 머물러 그와 즐겁게 교제하면서 그와 같아지려고 애쓸 것이니, 그에게 과연 그 밖에 또 어떤 아름다움이 필요하겠는가? 그것 자체가 곧 최고의 아름다움이요, [20쪽] 첫 번째 아름다움일 것이니 말이다. 그래서 그것은 그를 사랑하는 자들을 아름답게 가꾸고 또 사랑스럽게 만든다. 그 점이 바로 '영혼들에게 가장 위대하고 최종적인 것으로 앞서 존재하는 것을 향해 이끄는' 이유일 것이다. 그런 이유로 말미암아 또한 숱한 어려움이 생겨나겠지만, 그로써 저 훌륭한 광경이 사라지지는 않을 것이다. 사람들은 그런 광경을 목격하면 운(運)이 좋은 이들이요, 복된 삶을 누리게 되는 이들이라 말한다. 그것은 그런 광경을 목격하는 운으로 인해 복된 삶이 보장될 수 있기 때문이다. 그러나 그런 운을 갖지 못한 영혼은 참으로 불행하다고 한다. 왜냐하면 사람들은 아름다운 색채나 아름다운 육체와 관련해 운이 없는 자를 가리켜 흔히 무능력하다고 하고, 나아가 지휘자나 국가 통치자로서의 운이 없는 이를 불운한 영혼으로 간주하기 때문이다. 그러나 그것들 가운데 어느 것 하나 성취하려고 애쓰지 않는 영혼만이 온 땅과 바다와 하늘 위에서 통치하고 다스리는 자로 설 자격을 갖게 될 것이다. 만일 그(누군가)가 그런 것들을 모두 따돌리며 하찮게 여기고는 저편의 세계를 향해 몸을 돌려 바라볼 수 있다면 말이다.

8. 그러면 과연 무엇이 그 길이요, 무엇이 그 방책일까?

어떻게 누군가가 인위적인 방책과는 거리가 먼 아름다움을, 어쩌면 거룩한 신전 안에 고이고이 머물러 있어서 혹여 축성(祝聖)되지 못한 누군가가 우연히 마주할 수도 있을 만큼 바깥으로 드러나는 일이란 결코 없는 그런 아름다움을 대면할 수 있을까? [대답은 이렇다!] 할 수 있거든 진정 마음을 열고 자기 내면으로 따라 들어가라! 우리 눈[眼]이 바라보는 시선은 바깥에 내버려 두고, 육체가 지닌 이전의 황홀함에 마음을 빼앗기지 않도록 하라! 설령 육체적으로 아름다운 것들을 본다고 해도 가까이하지 말고, 오히려 그런 아름다운 것들이 [정신적인 아름다움의] 모상이자 환영이요, 그림자에 불과하다는 사실을 깨달아야 한다. 그래서 그런 것들이 복사한 저 너머의 것을 향해 피신해야 한다. 만일 누군가가 물 위에 출렁거리는 환영을 보고 그것을 취하고자 달려드는 것과 같이 그렇듯 아름답게 복사된 것들을 마치 참된 것으로 여기고 그것을 취하고자 달려든다면, 그것은 내 생각에 일찍이 어느 신화가 알 수 없는 이야기(수수께끼)로 설명해 주었던 것처럼, 결국 영영 보이지 않는 깊은 물속 아래로 가라앉아 버리는 꼴이 될 것이다. 그와 같은 처지에서 육체적인 아름다움을 가지고 있는 자 또한 육체적인 것들에 대한 미련을 포기하지 않는다면, 영혼은 그의 정신에게 여전히 무료한 그런 어두운 심연 속으로 가라앉게 되어 하데스(지하 세계) 안에서 장님처럼 머무르게 될 것이요, 그곳 아래서 오랫동안 그림자 속에 갇혀 지내게 될 것이다. '정작 우리는 사랑스러운 고향(조국)으로 피신해야 한다'고 말한 누군가가 가장 적절하게 충고했던 것이 아닐까! 누가 그러면 [22쪽] 이 같은 피신에 성공했고 또 어떻게 성공했을까? [생각해 보자!] 우리는 {내가 확신하건대 그런 수수께끼 같은 이야기를 전해 주는 자의 말대로} 마법을 부리는 키르케(Kirke)나 [거대한 괴물] 칼립소(Kalypso)에 의해서 갇혀 지내는 오디세우스(Odysseus)와 같이 골짜기에 갇혀서 비록 보는 것들을 통해 쾌락을 얻고 다양한 감각들로 함께할 수 있는 아름다움에 묻혀 지낼지라도, 만족을 느끼지 못하면서 이 세상에 머물러 있는 것인지도 모른다. 그러나 우리의 고향은 바로 우리가 태어난 곳으로서 이곳이 아니다.[10] 이 여행 혹은 이 피신은 무엇이란 말인가? 네 발이 너를 이끌도록 그냥 내버려 두지 말라! 왜냐하면 발은 아무 데나 발 닿는 곳으로 이리저리 이끌기 때문이다. 말이 끄는 수레에도 네 몸을 맡기지 말라! 배를 타고 바다를 항

10) 직역하면 "우리의 조국(고향)은 우리가 태어난 곳이요, 그래서 고국은 저편의 세계(ἐκεῖ)다."

해하지도 말라! 차라리 이 모든 것은 내버려 두고 아예 쳐다보지 말라! 너는 그저 네 눈을 감아 버리듯 누구나 가지고 있지만 거의 쓸모가 없는 [낡은] 얼굴이 아닌 다른 얼굴로 바꾸어 깨어나라!

9. 그러면 네 안에 깨어난 그 얼굴로 무엇을 볼 것인가? 네가 당장 깨어나더라도 온전히 그 광채를 볼 수는 없을 것이다. 처음엔 영혼 자체가 저 아름다운 것들을 보는 데 점점 익숙해져 가면서 서서히 예술 활동[11]을 개진할 것인데, 그로써 물론 아름다운 작품이긴 하지만, 아직 예술가들이 이루어 내는 그런 수준의 것들이 아니라, 우리가 흔히 말하는 선한 사람들이 이루어 놓은 작품을 우리도 만들어 낼 것이다. 그리고 점차 이 같은 아름다운 작품들을 정작 일궈 낸 영혼과 마주하게 될 것이다. 아름다움을 얻고자 한다면, 어찌 선한 영혼을 네가 보지 못하겠는가? 네 자신에게로 돌아가서 자신을 직시하라! 그래서 네 자신이 아직 아름다워 보이지 않는다면, 마치 조각가가 어떤 형상을 조각하듯이 아름답게 되어야 할 부분을 깎아 내고 다듬어라. 또한 갈고 깨끗하게 손질하라. 형상의 자태가 아름

11) 앞서(5.1)번역한 '예술 활동'과 같은 그리스어(ἐπιτηδεύματα)다.

답게 드러날 때까지 멈추지 말라! 그렇게 네가 불필요한 부분을 깎아 내고 비뚤어진 것을 바로 세우고 어두침침한 것을 보다 더 말끔해지도록 공들여 그것이 광채를 발할 때까지 말이다. 그래서 '네 형상을 다듬는 일'을 멈추지 말라. 너에게서 신을 닮은 형상이 미덕을 따라 밝게 드러날 때까지 말이다. '절제의 덕이 너의 고결한 토대로 자리 잡는 것'을 지켜보게 될 때까지 계속하라! 만일 네가 그와 같은 모습을 이뤄 내고 그 모습을 지켜보게 된다면, 그래서 네 자신을 향해 순수하게 존재함으로써 그렇게 [네 영혼과] 하나가 되는 것을 훼방하는 그 어떤 것도 갖지 않게 된다면, 나아가 네 자신 안에 함께 내면에 합쳐질 만한 이질적인 어떤 것을 전혀 갖지 않게 된다면, 오히려 온통 그 자체가 오로지 참된 빛이 되어 그 어떤 크기로도 측정되지 않고, 그 어떤 골격이 드러날 정도로 경계를 따라 에워싸이지 않고, 나아가 무한성으로 말미암아 그 위대함이 확장되지도 않고, 다만 결코 측정되지 않는 것으로서 마치 [24쪽] 그 어떤 척도보다 훨씬 더 위대하고 모든 양(크기)을 능가하는 존재가 될 것이다. 만일 네가 이와 같은 모습이 된 자신을 발견하게 된다면, 너는 이미 눈이 되어 네 자신을 신뢰하고 [네가 본] 그곳을 향해 이미 올라서 있는 까닭에, 더 이상 입증할 만한 것을 요구하지 않고도 흔들림 없이 [저편의 세계를] 바라보게 될 것이다. 왜냐하면 그런 눈만이 위대한 아름다움을 볼 수 있을 것이기 때문이다. 한편 나쁜 것들로 인해 불투명한 시야나 정화되지 못한 영혼 혹은 나약한 상태로 그와 같은 것을 보려고 한다면, 그 광채를 온전히 볼 수 있는 능력을 갖추지 못한 사람에 불과하다고 하겠다. 그러면 그는 다른 사람이 볼 수 있는 그런 것을 설령 곁에 두더라도 보지 못하고 말 것이다. 실상 그 같은 직관(알아봄)을 위해서는 보는 것(to horon)이 보이는 것(to horomenon)과 가까운 사이 혹은 닮은 관계에 놓여 있어야[12] 할 것이기 때문이다. 왜냐하면 눈[眼]이 어떻게 해서든 태양을 볼 수 없다고 한다면, 눈에는 태양을 닮은 구석이 전혀 없이 생겨났다고 말해야 하듯이 그처럼 영혼도 아름다운 것을 볼 수 없다고 한다면, 영혼이 전혀 아름다운 것으로 태어나지 못했다고 보아야 하기 때문이다. 그러므로 만일 신(神)을 보고 싶어 하고 또 아름다움을 보

---

12) 이 명제는 플로티노스의 진지한 입장 한 가지를 대변한다. 우리의 지각 및 인식 활동은 그와 같은 조건에서 가능하다고 본다. 알아본다는 것은 '보는 자와 보이는 것 사이에서 벌어지는 일련의 관계 맺음'이다. 서로에게서 '닮음'을 찾아내지 못한다면, 곧 서로에게 통(通)하는 관련성을 찾아내지 못할 경우 그 둘 사이의 참된 '앎(봄)'은 이루어지지 않을 것이다.

고 싶어 한다면, 정녕 처음부터 모두 신을 닮고 또 모두 아름다운 모습으로 태어났다고 말해야 할 것이다. 그 까닭은 [누구나] 처음 위로 뛰어오르는 순간 정신에 이르게 되고, 거기서 온갖 아름다운 형상들(eidē)을 마주하고는 '이것이 아름다움이구나!' 하고 외치기 때문이다. 그것을 달리 이데아(idea)라고도 부른다. 왜냐하면 거기 정신에 의해 이루어진 것들이자 존재하는 것들(ousiai)에게는 한결같이 아름다움이 함께하기 때문이다. 그런 것들이 머물러 있는 저편의 세계를 두고 우리는 선(善)을 본성(physis)으로 취한 세계라고 부르는데, 이때 본성은 자신이 지니고 있는 아름다움을 자신 앞에 [기꺼이] 내보인다. 개략적으로 말해 그것이 첫 번째 아름다움(to proton kalon)이다. 정신적인 것들을 나누어 말하자면, 한편에는 형상들의 장소로서 정신적인 아름다움에 대해, 다른 한편에는 저편의 선의 세계 및 아름다움의 원천이자 시초에 대해 말할 수 있을 것이다. 아니면 선과 아름다움을 같은 것으로 간주할 수 있을 것이다. 아무튼 아름다움이 저편에 존재하는 것은 분명하다.

엔네아데스 V 8: 정신의 아름다움에 관해

1. [34쪽] 정신적인 세계를 관조하는 상태에 이르게 되어 마침내 참된 정신의 아름다움을 간파하고 그것을 누리게 된 자는 또한 저 정신의 아버지에 대해서, 그리고 저편의 세계에 대해서 통찰(ennoia)을 하게 된다고 우리가 주장하는 만큼, 가능한 한 그와 같은 사실들을 설명할 수 있게끔 잘 살펴서 우리 스스로에게 답하도록 해 보자. 대체 어떻게 누군가가 그런 정신의 아름다움과 저 너머 세계의 아름다움과 마주할 수 있을지 말이다. 그러면 이와 같은 것들을 서로 가까이 붙여 놓고 생각할 경우 그것은, 내가 시도해 보자면, 그렇듯 '두 개의' 큼지막한 돌, 그러니까 거칠고 가공되지 않은 돌과 신의 형상이나 어떤 인간의 형상을 새겨 놓은 가공한 돌과 같다 하겠다. 이때 후자의 경우 신의 형상은 카리스(charis, 신의 은총) 혹은 어떤 뮤즈[신전무녀(神殿巫女)]를 통해 아름답게 드러나는 반면, 인간의 형상은 그 어떤 한 인물이 아니라 모든 아름다운 사람들 가운데서 기술[13]이 가공해 낸 형상으로서 결국 조형

13) 기술(technē): 고대 그리스의 경우 대부분 그러하듯, 플로티노스에

(彫形)의 미를 쪼아 낸 기술로 인해 아름답게 드러나기에, 돌의 존재가 곧 아름다움의 원인은 아닌 셈이다. {그렇지 않으면 그 아름다운 조각과는 다른 것들도 [돌로 만들어졌다는 점에서] 똑같이 아름다운 것이라고 해야 하지 않겠는가!} 오히려 형상을 따라 아름다운 것이라 간주되니, 그것은 기술이 새겨 넣은 것이라 하겠다. 그러므로 이 기술은 [처음부터] 물질에 있지 않았고, 그것을 통찰했던 자(제작자) 안에 자리하고 있었으니, 그것은 돌에[14] 가해지기 이전부터 있었던 것이다. 나아가 그 기술은 제작자 자신의 눈과 손에 있었던 것이 아니라, 그의 눈과 손이 참여함으로써 펼쳐진 것이다. 그러니 본시 기술 자체 안에는 이 같은 아름다움이 훨씬 더 고상한 모습으로 존재하지 않았겠는가! 왜냐하면 기술 자체 안에 자리하는 저편의 아름다움은 돌에 소진되지 않고, 저편에 변함없이 머물러 있을 것이기 때문이다. 저편에서 나온 것은 저편의 그것(원형)에 비해 훨씬 더 부진하다고 본다.[15] 또한 그와 같이 부진

게 기술(τέχνη)은 예술(art)과 같은 의미를 띤다. 따라서 이들 용어를 서로 바꾸어 이해해도 좋은데, 여기선 일괄적으로 '기술'로 번역한다.

14) 조각가의 머리에 이미 아름다움이 선재(先在)한다는 생각은 전통적인 사고방식이다. 아리스토텔레스의 《형이상학(Metaphysica)》, 1070a.14 이하, 1034a.24 및 플로티노스의 앞선 작품 〈Enn. I 6〉, 3.6 이하 참조.

한 것은 스스로 순수하게 계속 머물러 있지 못한다. 그래서 [아름다움을] 원하는 만큼 이루지는 못한다 하더라도, 그렇게 원하는 만큼 돌은 기술에 의존하게 될 것이다. 만일 기술이 존재하는 어떤 것 내부에 지닌 그것을 {형상을 다듬어 주는 로고스를 따라 아름답게 만들어 내는 행위로} 다듬어 낸다면, [단순히 바깥으로 드러내는] 그 아름다움보다 더 크고 더 참된 아름다움을 드러낼 것인즉, {그 같은 기술은} [36쪽] 그렇게 바깥으로 다듬어 낸 조각의 아름다움보다 훨씬 더 능력에 찬 위대함과 아름다움을 지니고 있다고 하겠다. 또한 그렇듯 드러난 아름다움은 물질을 통해 밖으로 옮겨져 [물질과 함께] 손상되기 쉬운 만큼 하나로 머물러 있기보다는 오히려 그에 약점이 많다고 하겠다. 갈라져 나온 것은 모두 본래의 자신과 다르기 때문이다. 그래서 갈라져 나온 강함은 본래 머물렀던 강함보다

15) 플로티노스가 '유출론(流出論, Theory of Emanations)'에서 말한 '흘러나온 것'이란 모두 그 원천보다 부족한 것을 뜻한다는 것을 기억하면 이해에 도움이 될 것이다. 이 같은 사유 방식은 우리가 현실적으로 경험하는 다양하고 변화무쌍한 것들에게로 막연하게 노출된 상태가 아니라 다시금 그런 변화무쌍한 것들의 '원천'을 추적해서 마침내 분주하고 복잡다단한 삶에 쫓기기보다는 그 어떤 통일된 혹은 일관된 삶을 회복하여 누리는 데 기여할 것이라고 플로티노스는 생각했던 셈이다.

약해지고, 따뜻함도 본래의 따뜻함보다 약해지며, 능력도 본래의 능력보다 약해지고, 아름다움도 본래의 아름다움보다 덜해진다. 그래서 첫 번째 능동자(to proton poiou n)[16]도 모두 그로부터 이루어진 것을 [자신보다] 부진한 것으로 존재하게끔 한다고 해야 할 것이다. 왜냐하면 더 부진한 음악적[물리적] 요소가 음악가를 만드는 것이 아니라 [그보다 더 능력에 찬] 음악(mousikē)이 음악가를 만든다고 보기 때문이다.[17] 그렇듯 감각적인 것 안에 머물러 있는 것은 그것보다 앞서 존재하는 것이 만들어 낸다. 만일 누군가가 자연(physis)을 모방해 만들었다는 이유로 그런 기술들을 탐탁하게 여기지 않는다면,[18] 가장 먼저 대자연 역시 다른 어떤 것을 모방했다는 점을 고려해야 할 것이다. 그리하여 기술은 단순히 [자연 안에] 벌어지는 것을 모방하는 것이 아니라, 애초에 자연이 그로부터 생겨났

---

16) 아리스토텔레스의 《형이상학》, 1070a.1에서 우리는 이(부동의 운동자) 개념의 기원을 엿보게 된다.

17) 아리스토텔레스, 《생성과 소멸에 관해(De generatione et corruptione)》, 319b.27, 《자연학(Physica)》, 190a.2 참조.

18) 예술을 '자연의 모방'이라는 관점에서 비판한 대표적 인물을 손꼽는다면 플라톤일 것이다. 플로티노스 역시 육체를 가리켜 '영혼의 모상'으로 일컬었던 점에서 유사한 생각을 취했던 것으로 보인다.

던 저 로고스들에 주목해서 위로 나아간다는 사실을 명심해야 할 것이다. 게다가 기술은 많은 것들을 그 자체로부터 빚어내기도 한다. 그래서 본래 부진한 어떤 것에게 마치 그것이 아름다움을 지닌 것처럼 덧붙여 주기도 한다. 그러므로 조각가 페이디아스[19]도 제우스 신을 감각적으로 다듬어서 앞에 세우지 않았고, 제우스 신이 우리 눈에 자신을 드러내고자 했던 모습을 통찰해서 만들어 세운 것이다.

2. 한편 우리에게서 그런 기술들을 떼어 내고 생각해 보자. 그래서 제작된 작품들이 모방한 바로 그것에 대해서 말해 보도록 하자. 그러니까 자연적으로 아름답게 되고 또 아름답다고 일컫는 것들에 대해, 이성적인 생명체와 비이성적인 모든 것들에 대해, 나아가 특히 그들 중에 규칙적으로 이루어진 것들에 대해, 그래서 그것들을 만드는 조각가와 제작자가 물질을 다듬어 내고 형상을 바란 대로 부여하는 과정에 대해 꼼꼼히 관찰하도록 하자. 그러면 그런 것들 안에서 아름다움은 과연 무엇일까? 정녕 피[血]

19) 페이디아스(Pheidias): 피디아스(Pidias)라고도 불리는 이 사람은 기원전 500년경에 활동한 조각가로서 올림포스 산 위에 12미터 크기의 제우스 신상을 조각하여 세운 인물로 유명하다.

나 씨앗[20]은 아닐 것이기에 말이다. 한편 색채(chora)라는 것도 이들과 다르며 형태(schema)도 그와 다른 것이다.[21] {아니면} 형태가 없는 어떤 것 외에 다른 것이 아니든가 마치 단순한 어떤 것, 곧 물질을 포괄하는 그런 것일 수도 있다. 아무튼 그로부터 어렵게 쟁취한 헬레나(Helena)의 아름다움이 [더욱] 빛을 발한다고 말할 수 있겠다. 그것이 아니라면 어찌 여인(女人)으로 살아가는 이들은 아프로디테와의 닮음에 연연해할까? 또한 아프로디테 자신의 아름다움은 어디서 비롯된 것일까? 그것 또한 아니라고 해도, 누군가가 그렇듯 우리 눈에 출현하든지 형상이 포착되지 않든지 간에 그로 인해 전적으로 아름다운 인간 혹은 신이라 불린다면, 그렇게 불리는 것들은 [어떻게든] 알아볼 수 있는 아름다운 무언가를 지니고 있어야 하지 않을까? [38쪽] 아마도 아름다운 형상이 어디에나 있는 것이 아니라 만들어진 것에만 그것을 만든 자에 의해 주어진 아름다움이 존재할 것이라 여겨지니, 그것은 마치 기술들 안에는, 확언하건대, 기술들을 따라서 기술들 안

---

20) 매케나(McKenna)가 영어 번역본에서 이 '달거리(καταμήνια)'를 'uterine germ'으로 번역했듯이, '씨앗'으로 여겨도 될 듯하다.

21) 이 문제에 대해선 이미 앞선 작품 〈Enn. I 6〉에서도 다루었다.

으로 전달되는 아름다운 무언가가 존재한다는 것과 같지 않은가? 그러면 그것은 무엇일까? 만들어진 것들이 아름답다면, 물질에 가해진 로고스가 아름다운 것이요, 이때 첫 번째이자 물질이 아닌(a-hylos) {다만 하나를 향해 있는} 로고스가, 곧 물질 속이 아니라 제작자 안에 있던 로고스가 정작 아름답지 않겠는가? 그러나 만일 그 크기가 아름다움이었다고 가정한다면, 아름다움이 크기와 직결된다고 보아야 하는데, 아름다움이 크기를 결정하지는 않았기 때문에, 비록 로고스가 작품을 만들어 낸 장본인이라 하더라도 애초부터 로고스가 아름다움은 아니라고 해야 할 것이다. 하지만 만일 로고스가 작든지 크든지 간에 바로 그 형상을 가리킨다면, 그래서 마치 관찰자의 영혼이 자신의 힘으로 움직이고 또 상태를 결정하게 작용한다고 하면, 아름다움은 그 크기가 크다고 해서 확정되는 것은 아닐 것이다. 이를 입증할 만한 것이 또 있는데, 우리가 시야(視野) 바깥쪽은 알아볼 수 없는 반면, 시야 안쪽에서 벌어질 경우엔 우리와 관계를 맺는다는 사실이다. 다른 한편 사람들이 두 눈을 가지고 형상-존재만을 살핀다고 생각하는데, 그렇지 않다면 어떻게 작은 눈으로 [큰 우주도] 살필 수 있겠는가?[22] 과연 우리의 작은 눈은 크기가 지나치지 않은 그런 크기의 모습만이 아니라 거대한 몸집의 모습들도 모두 받아들일 수 있다. 게다가 제작자 자신이 반드시 추하든지 냉담하든지 아니면 아름답든지 할 것이다. 그래서 그가 추하다면 모름지기 그와 반대되는 것을 만들어 낼 수는 없지 않겠는가! 그러나 그가 냉담하다면, 추한 것보다 더 훌륭한 아름다운 것을 어떻게 만들어 낼 수 있을까? 그러나 실제 제작자가 아름다운 것을 만들어 낸다면, 그렇듯 아름다운 것들을 모방하도록 이끈 자연(physis)은 그에 앞서 훨씬 더 아름다워야 할 것이다. 우리는 내면을 바라보는 데 익숙하지 못할뿐더러 그 바깥을 포착하는 데에도 미숙하다. 더욱이 내면이 움직인다는 사실에 대해서는 아예 무지하다. 그런 까닭에 설령 누군가가 자신과 닮은 모습을 보고 그것을 포착했다고 하더라도, 저 모습이 어디서 유래했는지 [쉽게] 알아보지 못할 것이다.

---

22) 피치노의 《사랑론》 V, 3에서도 "아름다움은 비육체적인 것이다(Pulchritudo est aliquid incorporeum)"라는 점을 입증할 때 이와 유사한 논증을 펴고 있다. 예컨대 "만일 '미'가 육체적인 것이라면, 어떻게 우리의 작은 눈동자로 드넓은 하늘의 아름다움을 알아볼 수 있을까?" 나아가 그는 "더디게 변하는 육체적인 외모에 비해 정신적인 매력은 더 빨리 식어 버린다(Nihil tardius quam figura. Nihil citius senescit quam gratia)", 혹은 "배고픔과 목마름은 음식으로 달랠 수 있지만, 사랑은 보고 만져도 진정시킬 수 없다"고 함으로써 아름다움의 비육체적 측면에 대해 설명한다.

그럼에도 포착한 그것이 [실재와] 다르고, 크기에는 아름다움이 자리하지 않는다는 이 사실은 가르침들을 통해 전래된 아름다움, 여러 확증들을 따라 밝혀진 아름다움, 그리고 전적으로 영혼 안에서 파악되는 아름다움에 의해서도 명백하다. 만일 네가 지혜를 깊이 통찰하게 되고 그에 고무되어 얼굴[外貌]을 쳐다보지 말고－왜냐하면 얼굴이 추해 보이는 경우도 있기에－그때마다의 외형(外形)에서 벗어나 그의 내면의 아름다움을 포착하려고 하는 한 그런 내면의 아름다움이 사실상, 그리고 참된 의미에서 더 출중한 아름다움으로 다가올 것이다. [40쪽] 그러나 만일 그런 내면의 아름다움이 아직 너로 하여금 앞서 살펴본 그런 것들 가운데 하나를 가리켜 아름다움이라고 말하도록 마음을 흔들지 못하거든, 그저 네 자신이 아니라 내면을 주시하여 마치 아름다움에 이른 것처럼 기뻐할 수 있도록 하라. 그것은 그렇게 스스로 지니고 있음에도 불구하고 저 아름다움을 [밖에서] 부질없이 찾는 것과 다르지 않으니, 그것은 네가 추하거나 깨끗하지 못한 것에서 아름다움을 찾고 있기 때문이다. 그 때문에 그와 같은 것들과 관련된 논리들이 모든 것을 위해 있는 것은 아니다. 그러나 만일 네가 자신이 아름답다는 것을 깨달았다면, 이를 떠올려 보라.

3. 그렇다면 자연 안에도 아름다움의 로고스가 물체 안에 있는 아름다움의 원형(archetyphos)으로 존재한다고 하겠다. 그래서 자연 안에 존재하는 그 아름다움을 통해서 영혼 안에 존재하는 로고스가 아름답다는 사실 또한 깨닫게 되는데, 실상 영혼의 로고스에 의해서 자연 안에 로고스 또한 존재하게 된 셈이다. 원형의 상태에 있는 로고스는 의당 고상한 영혼 안에 존재하는 것으로서 이미 훨씬 더 앞서 아름다움에 다가서 있다. 왜냐하면 그 로고스가 영혼을 아름답게 치장해 줄 뿐만 아니라, 첫 번째 아름다움으로 존재하는 훨씬 더 거대한 광채로부터 빛을 받아 영혼 안에 전해 주어, 그것이 거기에 현존하게 된 사실도 함께 이해시켜 주기 때문이다. 그래서 그 이전의 것은 결코 언젠가 생겨난 것이 아닌 것으로서 다른 것 안에서가 아니라 바로 자기 스스로 존재한다는 사실을 우리가 추론할 수 있게 해 준다. 그런 까닭에 그것은 그냥 로고스가 아니라 첫 번째 아름다움의 로고스로서 '영혼과 함께하는 물질(hylē psychikē)' 안에 현존하게끔 해 주는 무엇이라고 할 수 있다. 이를 달리 말해 정신(nous)이라 한다. 그것도 영원한 정신으로서, 그 자신에게 우연적인 것이 존재하지 않는다는 점에서 한때의 정신이 아니다. 그에 대해 과연 어

느 누가 세상의 그 어떤 모상으로 대변할 수 있을까? 세상의 모든 것들이 그보다 훨씬 못 미치는 것으로 이루어져 있으니 말이다. 그러나 정신으로부터 그런 (초월적) 경험을 우리 것이 되도록 이끌어야 하기 때문에, 더 이상 모상을 통해서가 아니라 마치 모든 금(金) 가운데서 어떤 금붙이 일부를 취해서 증거물로 삼듯이 [정신에게서 직접 알아듣도록] 해야 한다. 그리하여 만일 그렇게 취한 금붙이가 순수하지 못하다면, 그것을 깨끗하게 제련하거나 연마하거나 아니면 그 전부가 금이 아니라 그 일부(크기)만 금이라는 사실을 분명하게 말해야 할 것이다. 그처럼 이 자리에서도 우리 안에 이미 정화된 정신에 기초하여 그 정신이 설명하는 대로 논거를 펼쳐야 할 것이다. 또 만일 원한다면, 신들에 기초하여 논거를 펼쳐야 할 것인즉, 그들 안에 정신이 존재할 만하다고 보는 차원에서 그렇게 말해도 좋을 것이다. 왜냐하면 의당 신들은 모두 고상하고 아름다우며, 나아가 그들의 아름다움은 무량하기 때문이다.[23] 하지만 그들이 무엇인가를 통해 아름답다면 그것은 무엇일까? 정신일까? 그래서 그들 안에 보다 출중한 정신이 활동함으로써 [42쪽] 결국 우리 눈에 드러나게 된다고 해야

23) 《향연》, 218e.2 참조.

할까? 그러나 그들의 몸(육체)이 아름답다고 가정한다면, 그런 가정은 정말 부적절하다고 해야 한다. 왜냐하면 이들이 육체를 지녔다면, 그것은 그들에게 '신으로 존재하는 경우'가 있을 수 없고, 오히려 이 신들 역시 정신을 따라 그렇게 존재한다고 보아야 하기 때문이다. 그들이 신으로 존재하는 한 아름답다. 왜냐하면 그들은 한때 명철했다가 또 한때 어리석은 상태가 아니라 [항상] 고요하고 순수한 정신의 무감정 상태에 머물러 있어서 지혜롭다고 하기 때문이다. 그래서 그들은 만사를 내다보고 통달하고 있으니, 인간적인 차원의 것이 아니라 그들 자신들의 것을 {혜안을} 따라 '정신'이 바라보는 모든 것을 알고 있다. 한편으론 천상에 존재하면서 – 왜냐하면 그들에게는 유유자적함(skolē)이 제격이기에 – 영원히 바라보는, 마치 천상 저편에 자신들의 머리가 솟구친 상태와도 같이 먼 곳으로부터 응시하는 신들이 있는가 하면, 다른 한편으론 저편에 존재하면서 그들에게 머무르는 거처가 저편 위 혹은 안에 있어 천상 저편 어디에나 존재하는 신들이 있다고 하겠다. 왜냐하면 저편에선 모든 것이 하늘이니, 바닥이 하늘이요, 심지어 거기선 바다와 동물들과 식물들과 인간들이 모두 천상 저편의 세계에 속하기 때문이다. 사실 하늘 안에 머물러 있는 신들은 인간들을 경시하지 않거니와 거기에 속하는 것들과 자신과 다른 부류의 어떤 것도 곁에 [따로] 두지 않는다. {(모두가) 거기에 속하는 것들로서 존재할 뿐이기에 말이다.} 그래서 신들은 거기에 자리하는 전체 공간과 전체 위치를 가늠하면서 안정을 누린다.

4. 왜냐하면 저편에서의 삶은 '힘들이지 않고 사는 것(řeia zōein)'을 의미하기 때문이다. 나아가 진리 또한 그들에게는 어머니요, 조산모이며 존재(ousia)요, 양식(糧食)이다. 그렇게 그들은 모든 것들을 알아본다. 그들에게는 '어떤 되어-감(生成)도 추가되지 않으니',[24] 차라리 존재(存在)가 어울린다. 또한 다른 것들 안에서 자신들을 목격한다. 왜냐하면 거기서는 모든 것이 두루 통하며 어두운 구석이나 모순이 전혀 없고, 오히려 모든 것이 모든 것들에게 투명하게 존재하기 때문이다. 그것은 [마치] 빛이 빛과 마주하는 것과도 같아서 모든 것이 모든 것들을 자신 안에 지니고 있기 때문이다. 그래서 다른 것 안에서 모든 것을 알아보지 않겠는가! 어디에나 모든 것들이 존재하고 모든 것이 모든 것이요, 각각이 모든 것이니, 그 (각각의) 광휘(aiglē)는 무한하다. 왜냐하면 그들에게 있어 각각은

24) 《파이드로스》, 247d.7 참조.

거대하기 때문이다. 더욱이 거기서는 미소한 것도 거대하다. 그래서 저편에서 모든 별들은 곧 태양과 같기에 각각의 별이 태양이면서 동시에 모든 별이다. 모름지기 각각에는 다름[差異]이 우세하겠기에, 저마다 모든 것을 밖으로 드러낼 것이다. 움직임 역시 거기서는 순수하다. {왜냐하면 애당초 움직이는 것이 그(움직임)와 다르게 보여도 그것을 혼란스럽게 하지는 않을 것이기 때문이다.} [44쪽] 또한 거기서의 안정은 흔들림이 없다. 왜냐하면 그 안정은 안정되지 않은 것과 함께 뒤섞여 있지 않을 것이기 때문이다. 그래서 [거기서] 아름다운 것은 늘 아름답다. 왜냐하면 아름다운 것은 아름답지 않은 것 안에는 결코 머무르지 않기 때문이다. 제각각은 흡사하면서도 낯선 지반 위에서 방황하지 않고, 저마다 현재(現在)의 그 자리가 곧 존재하는 그것이다. 그래서 마치 저마다 위를 향해 나아가게 된다면, 그가 머무르는 자리 또한 함께 솟구쳐 나아가는 것과 같다고 하겠다. 그래서 그것은 다른 것이 아니요, 그 공간 역시 그것과 다른 것이 아니다. 왜냐하면 기체(基體)가 정신이며, 제각각이 정신이기 때문이다.[25] 이는 마

---

25) 아리스토텔레스에 의하면 이 세상에 존재하는 것은 모두 형상(形相)과 질료(質料)로 이루어져 있다고 하는데, 이때 질료는 형상을 알아보는 터전으로서 소위 '기체(基體)'라 불린다. 이에 플로티노스가 '저편

치 누군가가 이처럼 눈에 비친 하늘을 가리켜 빛으로 형상화된 것이라 이해한다면, 그 빛을 {(곧) 별들을} 하늘로부터 유래한 것으로 생각하는 것이리라. 여기 이 세상에서는 물론 부분적으로 어떤 것에서 그와 다른 것이 생겨나지 않는가! 그래서 제각각의 하나하나가 [나중의] 종합을 위한 일부분이라고 보아야 할 것이다. 그러나 저편에서는 항상 전체로부터 빚어진 제각각이 존재하는 동시에 또한 그것은 전체로서의 제각각을 가리킨다.[26] 왜냐하면 제각각이 일부로 드러난다 하더라도 제각각에다 시선을 집중함으로써 거기서 전체를 통찰할 수 있기 때문이다. 이는 마치 누군가가, 그러니까 린케우스[27]가 보여 준 바와 같

의' 세계에 대해 설명할 때, '세상의 질료' 개념이 적용되지 않는다면, 자연히 형상 혹은 이데아의 터전(근간)이 무엇일지 궁금해질 것이다. 플로티노스는 그에 대해 '정신'이라고 답하고 있는 셈이다.

26) 분명 이 세상에서는 '모순율'에 거스르는 존재 형식이지만, 그와 범주를 달리하는 '저편의 세계'에서는 이 세상에서 이해된 논리 형식이 그대로 적용되지 않는다. 이 같은 플로티노스의 형이상학 혹은 존재론의 특징을 유념할 필요가 있어 보인다(〈Enn. VI 9: 선 혹은 하나에 관해〉 참조).

27) 린케우스(Lynkeus): 괴테의 《파우스트》를 통해 이미 잘 알려진 신화적인 인물로서 일찍이 플라톤도 자신의 《편지(Epistola)》 VII, 344a.1에서 소개한 바 있다. 그는 아이깁토스(Aigyptos)의 아들(50명) 가운데 하나인데, 아르고스의 왕 다나오스(Danaos)의 딸들(50명)과 혼인

이, 그 같은 (전체에 관한) 통찰에 이르게 되는 것과도 같다. 말하자면, 그 신화(mythos)가 저편의 통찰을 위해 암시해 준 방법으로 이 땅에 속하는 것들의 내면을 통찰할 수 있게 되는 것처럼 말이다. 저편의 직관에는 피곤함도 없고 직관하는 일을 끝마치게 할 만큼의 한계도 없다. 왜냐하면 그것에는 충만한 상태에 이르도록, 혹은 목적한 바를 채우도록 앞서 전제되는 텅 빔(kenosis)이 없기 때문이다. 또한 저편에서는 이것 안에 저것이 받아들여지지 않을 정도로 이질적인 것이 자리하기라도 하듯 이것저것이 서로 다른 것이 아니다. 게다가 저편에 있는 것들은 모두 무진장하다. 한편 채워지지 않는 것은 채우려는 자가 채워짐에 지칠 줄 모름을 뜻하기도 한다. 왜냐하면 바라보는 자는 점점 더 많이 바라보려고 할 것이니, 그는 자신과 바라본 것을 끊임없이 응시하면서 제 자신의 욕구(본성)를 채우고자 움직일 것이기 때문이다. 그러나 거기서의 삶은 [이 세상의 경우보다] 더 순수할 것이라는 점에서 아무에게도 피곤함을 주지 않는다. 가장 완전한 삶일진대,

---

하게 될 때, 그의 장녀 히페름네스트라(Hypermnestra)와 짝을 이루게 된다. 첫날밤에 다나오스는 딸들에게 신랑들을 모두 죽이라고 명령했지만, 히페름네스트라는 린케우스의 목숨을 구해 주고, 나중에 린케우스는 아르고스의 왕위를 계승하기까지 한다.

대체 무엇이 피곤하게 하겠는가? 거기서의 삶은 지혜(sophia)다. 그 지혜는 담론적인 귀결로 얻어지는 것이 아니다. 왜냐하면 거기서는 모든 것들이 영원하고 그 무엇에게도 애써 찾아야만 할 부족함이 전혀 없기 때문이다. 오히려 그 지혜는 최초의 것으로서 다른 어떤 지혜로부터 비롯된 것이 아니다. 그래서 그 존재 자체가 지혜이지, 존재 따로 지혜 따로 있는 것이 아니다.[28] 그러니 그보다 더 큰 지혜가 없다고 하겠다. [46쪽] 그것은 자족한 지식(autoepistēmē)과 같이 이 세상에서는 정신 곁에 배석한 판사처럼 여겨진다. 그래서 사람들은 그것을 가리켜 마치 제우스 신 곁에 배석한 정의의 여신을 모방한 것과 같다고 말한다. 왜냐하면 저편에서는 그와 같은 모든 존재들이 마치 자기 내면을 통해 통찰한 상(像)들(agalmata)[29]과 같기 때문이다. 정녕 '통찰을 원했던 그것을 통찰하는 것은 통찰하는 자에게 더없는 행복(upereudaimōn)'이다. 그러나 그 자체로 충만하고 스스로 존재하는 모든 것을 일구어내는 이 지혜의 위대함과 힘을 과연 누가 제대로 측량할

---

28) 원문은 ἡ οὐσία αὐτὴ σοφία, ἀλλ' οὐκ αὐτός, εἶτα σοφός. 직역하면 "그 존재 자체가 지혜이지, 자아(실체)가 있고, 그런 다음 지혜로운 자가 된다는 뜻이 아니다".

29) 《파이드로스》, 111a.3 참조.

수 있을까? 나아가 그 지혜가 일궈 낸 존재들은 당장 지혜를 뒤쫓기에 그런 존재들이 곧 지혜라고도 할 수 있으니, 그 지혜에게서 생겨나자마자 그 둘이 하나가 되듯 존재는 저편에서 곧 지혜라고 할 수 있다. 그러나 우리에게서는 그와 같은 일치가 일어나지 않는다. 왜냐하면 우리는 그런 지식들을 [단지] 이론적으로 혹은 우리가 앞서 생각해 온 전제들과 한 무리(한통속)로 치부해 버리기 때문이다. 그래서 그와 같은 일치가 이 세상에서 얻은 지식들 안에서는 일어나지 않는다. 만일 누군가가 이에 관해 이의(異議)를 제기하려고 하더라도, 이 문제는 잠시 동안 미뤄 두기로 하자. 저편의 지식에 대해서는 정작 플라톤 역시 직접 통찰하며 가르쳤다. "그것은 다른 것 안에서 다른 것으로 존재하지 않는다."[30] 이를 어떻게 이해해야 할지는 만일 우리가 이 이름('플라톤주의')의 품위(aksia)를 생각한다면, 직접 찾아보고 헤아려 보는 것이 바람직할 것이다. 그러면 이제부터 그 논의의 기반(출발점)을 마련하는 것이 더 좋을 듯싶다.

5. 기술로 생산되든 자연적으로 이루어지든 모든 것이

---

30) 앞의 책, 247d.7 이하 참조.

생겨난 것들이라고 한다면, 어떤 지혜가 그것들을 만들어 냈다고 하겠는데, 아무튼 어디서나 지혜가 만들어 내는 일을 주도하고 있다. 그런데 만일 실제 누군가가 그 지혜 자체에 힘입어 만들어 냈다면, 기술들도 그와 같은 식으로 말할 수 있을 것이다. 그러나 기술자는 다시금 자연적인 지혜로 나아간다고 하겠는데, 그것은 자연적인 지혜를 따라 존재를 빚어냈다고 보기 때문이다. 이때 지혜는 [많은] 이론적인 것들로부터 종합해 낸 것이 아니라 전체로서 하나다. 그것은 다수에서 하나로 합쳐진 것이 아니라 차라리 [그 반대로] 하나에게서 다수가 분해된 것이라고 말해야 할 것이다. 만일 누군가가 그것을 첫 번째 지혜로 삼겠다면, 충분히 그럴 수 있다고 본다. 왜냐하면 그것은 다른 것으로부터 비롯된 것도 아니며 다른 것 안에 존재하지도 않았기 때문이다. 만일 자연 안에서 로고스를 [첫 번째로] 설정하겠다면, 이 로고스의 시원은 자연인 셈이다. 그래서 자연으로부터 우리가 로고스를 취하게 되었다고 말해야 할 것이다. 그러나 만일 다른 것으로부터 취하게 되었다고 한다면, 그것은 저편의 세계라고 해야 할 것이다. [48쪽] 만일 자신으로부터 취하게 되었다고 한다면, 거기서 멈추도록 하자. 만일 정신에로 소급해서 생각하기에 이른다면, 여기서 살펴보도록 하자. 만일 정신이 지혜를 낳았다고 한다면, '정신이 지혜를 어디서 낳았는지'에 대해 또한 답해야 할 것이다. 이에 만일 '자신으로부터'라고 답한다면, 정신 자신이 곧 지혜라는 것 외에 달리 답할 수 없을 것이다. 그렇다면 참된 지혜가 존재(ousia)요, 참된 존재가 지혜인 셈이다. 그래서 품위는 그 지혜에 의해서 존재에 합당하게 고려될 것이다. 또한 그 지혜에 의해서 품위가 정해질 때 존재가 참되다고 할 수 있다. [그러나] 그 때문에 존재라 불리는 모든 것들이 또한 지혜를 갖는다고 보지는 않는다. 그것은 한편 지혜로 말미암아 어떤 존재로 드러나게 된 것들이 있다는 것이고, 다른 한편 그런 존재들은 자신들 안에 [처음부터] 지혜를 갖고 있지 않았음을 가리킨다. 그렇게 그것들은 참된 존재라고 할 수 없다. 그러므로 저편에 존재하는 신들을 바라보게 하고 나아가 그들이 더없이 복된 존재라고 여기게끔 하는 여느 원리들을 [별도로] 생각할 것이 아니라 거기 저편에서는 제각각이 누군가가 현명한 사람의 영혼 안에서 밝혀낸 그런 참된 아름다움을 지니고 있다고 생각해야 옳을 것이다. 그리고 그 아름다움은 사람이 그려낸 것이 아니라 존재하는 그대로의 모습일 것이다. 그 때문에 옛 선현들도 그 이데아들이 실재하며, 스스로 존재하는 것들이라고 가르쳤다고 본다.

6. 이집트의 현자들도 내게 가르친 바에 따르면, 그런 이데아들을 정확한 지식 혹은 선천적인 '예지(perinoia)'를 이용해서 받아들였다. 그래서 그들은 그런 것들 안에 의도된 지혜를 들춰내기 위해 개념들과 전제들을 차례로 밟아 가는 기록 형식들은 물론 원리들의 소리나 발성 형태를 닮은 것들도 아예 이용하지 않았다. 오히려 정신적 형상들을 탐독하고는 각각의 실제적인 것을 저마다 하나씩, 그러니까 차례로 밟아 가는 그런 [담론적인] 과정 없이 드러나는 저편의 특징을 따라 직관한 제각각을 그들의 신전 벽에다 새겨 나갔다. 그것은 아마도 마치 어떤 형상이든 제각각이 곧 지식이요, 지혜이자 본체이며 전체임을, 그래서 담론(dianoesis)이나 설계 없이 존재하는 것과 같다 하겠다. 그러나 그 이후의 것은 모두 다른 것 안에 모상(模像)으로 존재하게 됨으로써 이미 [원형으로부터] 전개된 것으로서 자신을 차례로 (되)밟아 가는 과정 안에 놓이게 된 만큼 어찌 그렇게 되었는지 그 원인들을 찾아가게끔 고무시킨다. {마치 생성된 것들이 그처럼 아름다운 모습을 취하게 된 것을 두고 탄복해하는 식으로 말이다.} 만일 누군가가 그런 아름다운 모습[模像]을 보게 된다면, 생성된 것들이 실상 아름다움과 무관한 것임에도 불구하고 그처럼 아

름답게 [50쪽] 다듬어 낸 지혜 앞에서 크게 탄복하게 될 것이다. 어떻게 지혜가 그렇게 존재하게 하는 존재 원인을 스스로 갖지 않음에도 불구하고 지혜를 따라 만들어진 것들에게 그들의 아름다움의 원인으로 설 수 있었는지를 두고 탄복하게 될 것이다. 그러므로 그처럼 아름답게 있는 것을 두고 그 원인을 찾아 나설 경우 반드시 어려움을 수반해야만 하거나 아니면 전부 분명하게 드러나지 않는 것도 있을 것이다. 그것은 만일 누군가가 그것을 발견하고자 한다면, 마치 그가 {그처럼 (수순을 따라)} 찾아 나서기 전에, 그래서 담론적인 과정을 밟기 이전에 처음부터 그와 같이 존재해야만 했다는 사실을 감안해야 할 것이기 때문이다. 그런 까닭에 내가 말하고 싶은 것은, 그것이 모든 경우와도 일관성을 갖도록 보다 포괄적인 하나의 사례를 따라 생각해 보자는 것이다.

7. 실상 이 같은 사실은 우리로 하여금 {그} 만물이 동일한 부류의 다른 어떤 것에 의해서 존재하며 또 그런 모습으로 존재하게 되었다는 점에 동의하게끔 만든다. 그래서 만물의 창조자가 자신의 생각대로 땅을 설계했고, 이 땅을 (세상의) 중심에 세워 놓기로 작정했다고 믿고 싶어진다. 그리하여 물이 또한 땅 위에 그렇게 위치하게 되고,

그 밖의 다른 것들이 질서를 따라 하늘에 이르기까지 위치하게 되든가 혹은 그가 모든 생명체에게 지금 살아가는 그대로 각각 그에 맞갖은 형태(morphē)들을 부여하고 나아가 그들에게 안쪽으로는 내장을, 바깥쪽으로는 신체발부를 정해 주든가 혹은 각각의 존재들을 자신의 생각대로 그렇듯 배치하면서 움직이도록 손을 댔다고 말이다. 우리가 이를 믿어야 할까? 하지만 그런 [폐쇄적] 자기 통찰은 가능하지 않다. 과연 그가 한 번도 보지 못했던 것을 어디서 생각으로 끌어왔다는 것인가? 설령 그가 다른 것으로부터 취한다고 해도 요즘 제작자들이 손과 연장을 이용하여 만들어 내는 수준과 같이 실행해 옮길 수는 없었을 것이다. 왜냐하면 손과 발은 창조 이후에 나온 것이기 때문이다. 그러니 이제 만물이 동일한 부류의 다른 어떤 것으로부터 존재한다는 견해는 미뤄 두기로 하자. 존재의 생성에 그 중재자로 고려할 만한 것이 하나도 남아 있지 않기에, 차라리 이는 마치 '갑자기'[31] 저편의 세계가 그 외관 혹은 모

31) 플로티노스는 이 '갑자기' 혹은 '순간(ἐξαίφνης)' 개념에 익숙하다. 이는 그에게 저편의 정신세계의 '영원함과 충만함'을 시간적인 차원에서 조건적으로나마 드러낼 수 있게 해 준다(〈Enn. III 7〉, 3장, 〈Enn. V 3〉, 17장 참조). 물론 플라톤이 앞서 이 개념을 활용했다. "그것은 '함께하는 동안'에 나타나며, 사물 자체에 대해 꾸준히 몰두하는 가운데…

상을 겉으로 드러내는 것과 같다고 본다. 왜냐하면 이 '갑자기'가 현재하는 중에는 [선후를] 구별할 만한 단서가 없기 때문이다. 그 자체에 의해서든 아니면 영혼의 조력을 통해서든, 그것도 아니면 다른 어떤 영혼에 의해서든 중재자로 고려할 만한 것을 허락하지 않는다. 다만 이 모든 것들은 저편으로부터 존재하게 되었고, 그래서 저편에 보다 더 아름다운 것이 선재한다고 본다. 왜냐하면 여기 이 세상에 존재하는 것들은 뒤섞여 있지만, 저편의 세계는 그렇게 {뒤섞여} 있지 않기 때문이다. 세상은 시작부터 끝까지 여러 형상들에 의해 일정한 체계에 놓이게 된다. 가장 먼저 물질은 요소들의 형상들에 의해, 그다음 그런 형상들의 경우는 또 다른 형상에 의해, 그리고 다시금 그것은 또 다른 형상에 의해 생겨나는 체계에 놓이게 된다. 그로 인해 물질의 원형을 찾는 일이란 [52쪽] 수많은 형상들로 뒤덮인 까닭에 무척 난해하다. 더욱이 그것(물질)이 일종의 최후의 모습으로도 이해되어 온 이래로 세상은 형상이요, 모든 것들이 다 형상이다. 그의 원형이 이미 형상이었으니 말이다. 이 세상은 소리 없이 만들어졌다고 생각한다. 왜

또 갑자기 영혼 안에 나타나 마치 '빛'처럼, 횃불이 번뜩이며 타오를 때 치솟는 한줄기 빛처럼, 일시적이면서도 끝없이 펼쳐지는 무엇이다" (《편지》 VII, 341cd).

냐하면 창조자가 곧 세상이며 존재이자 형상이기 때문이다. 그런 이유로 세상 창조는 {또한 그처럼} 별다른 수고 없이 이루어졌다고 본다. 그럼에도 세상이 존재하는 한 그에 속하는 모든 것이 이루어졌다고 본다. 거기에 그 어떤 장애도 없었다고 본다. 그래서 지금도 세상은 모든 것들을 지배한다. 비록 각각의 것들이 서로에게 서로의 장애가 될지라도 세상에게는 장애가 되지 못하며, 지금도 그러하다. 왜냐하면 세상은 만물과 함께 유지되기 때문이다. 나는 다음과 같이 배웠는데, 만일 우리가 동시에 원형(archetypos)이자 존재이며 형상이라고 한다면, 그래서 이 세상을 창조하는 형상이 곧 우리의 존재였다고 본다면, 우리의 창조 활동 또한 어려움 없이 진행되었을 것이라고 말이다. 그와 함께 인간도 자신의 형상을 현재 되어진 모습과는 다르게 창조할 수도 있었을 것이다. 왜냐하면 모든 것으로 존재할 수 있는 처지에서 지금의 인간이 되었다고 보기 때문이다. [유감스럽게도] 인간이 된다는 것은 '위로 여행하는 것', 다시 말해 '우주의 삼라만상을 지배하는 것'을 그만두는 것을 가리킨다. 왜냐하면 그가 모두가 될 수 있다는 것은 곧 (세상) 전체를 창조할 수 있음을 뜻하기 때문이다. 그러나 네가 [창조의] 원인들을 지니고 그것을 제공했다면, 그래서 무엇 때문에 땅이 (세상의) 중심으로 자리 잡게 되었는지, 무엇 때문에 세상이 둥근지 혹은 어째서 이런 식으로 경사진 상태에 놓이게 되었는지를 밝히는 원인들을 내가 지녔다고 한다면, 그것은 곧 세상 창조가 신의 은총과 무관하다는 말이다. [왜냐하면] 저편에는 처음부터 그렇게 존재해야만 하는 어떤 다른 이유나 그렇듯 원했던 바람이 없고, 다만 현재 존재하는 모습대로 그렇게 존재할 뿐이요, 그로부터 거기에 존재하는 모든 것이 아름다움을 지니기 때문이다. 이는 마치 원인들을 종합해내기 전에 결론이 나왔다면, 그것은 전제된 조건들에 의해서 나온 것이 아니라는 말과 같다고 하겠다. 이는 어떤 추이나 통찰로부터가 아니라 그 어떤 추이나 통찰 이전에 그것이 존재했음을 가리킨다. 이 세상의 모든 것들, 예컨대 가르침(logos)이나 증명이나 신념과 같은 것들은 그 이후의 것들이다. 왜냐하면 시원(始原)이 존재한 다음에 비로소 그것으로부터 그런 모든 것들이 또한 그런 방식으로 존재하기 시작했기 때문이다. 그러니 시원의 원인들을 애써 찾지 않는 것이 아름답다고 그처럼 가르쳤던 셈이다. 그와 같이 시원의 원인들만이 아니라 그 목적들에 대해서도 마찬가지다. 왜냐하면 저편의 세계는 목적과도 동일하기 때문이다. 그러므로 저편의 세계는 시원이자 목적이다. 그 자체가 동시에 모든 것이요, 또한 부족하지 않게 존재한다.

8. [54쪽] 그렇다면 저편의 세계는 첫 번째로 아름다우며 전체로서, 어디에서나 전체로서 존재한다고 본다. 그리하여 그 아름다움에서 일부 변하기라도 하듯이 부분으로 나누어지는 일이 없다. 그러니 누가 과연 아름답지 않다고 말하겠는가? 왜냐하면 실상 저편의 세계는 그것이 전체로서가 아니라 부분으로서 아름다움을 지니든가 아니면 그의 일부 가운데 어떤 것이 아름답지 않은 그런 것은 결코 아니기 때문이다. 그렇지 않고 만일 저편의 세계가 아름답지 못하다면, 대체 다른 무엇이 아름답다는 말인가? 분명 저편의 세계보다 앞서 아름다운 것으로 존재할 만한 것이 아무것도 없으니 말이다. 차라리 최초로 존재하는 것으로서 저편의 세계는 그를 직관으로 안내하여 그에게 형상이 존재하고, 그가 곧 정신의 대상임을, 그래서 그것이 또한 황홀한 존재임을 알아보게 해 준다.[32] 그 때문에 플라톤 역시 이를 알아보게끔 우리를 위해 분명한 어떤 것들 가운데 확실한 증표를 제시하려고 했으니, 그것은 창조자가 이 세상을 목적을 따라 만들었음을 입증하는 것

---

32) 플라톤의 《티마이오스》, 37a.7 이하와 비교.

으로서 그것을 통해 원형(모범) 및 이데아들의 아름다움이 황홀한 것임을 확인할 수 있도록 의도했음을 가리킨다.[33] 왜냐하면 다른 것(모범)을 따라 만들어 놓은 모든 것이 누군가를 감탄하게 만든다 할 때, 그 같은 감탄은 그렇듯 만들어지도록 모범 삼은 저 너머에게 이미 감탄할 만한 것이 존재했다는 사실을 가리키기 때문이다. 만일 감탄(행위) 안에서 벌어지는 그 같은 사실을 깨닫지 못한다면,[34] 정작 감탄할 만한 것은 하나도 없을 것이다. 그런 이유에서 사랑을 하는 자들은 물론 온통 거기서 발견되는 아름다움을 두고 탄복하는 자들도 저편의 세계를 통해 이루어졌음을 알아보지 못할 수 있다. 저편의 세계를 통해서 아름다움을 지니게 되었다는 사실을 말이다. 결국 [플라톤의 진술에 따라] "**그가 탄복했다**"는 표현은 그 원형을 향하도록 이끌어 준다는 사실을 분명하게 하고자 일부러 그가 취한 그 이하의 구절과 함께 이해해야 할 것이다. 다시 말하자면 "그는 탄복했으며, 한층 더 나아가 그것을 원형 자체로 이끌어 비교하고자 했다"고 말이다. 원형의 아름

33) 《파이드로스》, 250d.2와 비교. 하르더(R. Harder)는 플로티노스가 플라톤의 말(순수 정신세계에 대한 아름다움)을 달리 확대 해석했다고 평한다(Bd. III, b.391).

34) 《파이드로스》, 250e.2 참조.

다움은 그로써 흡사 입증된 것처럼 여겨지니, 이는 그것(원형의 아름다움)으로부터 생겨난 아름다운 것 자체가 저편의 모상과도 같다는 점에서 그러하다. 만일 포착할 수 없는 아름다움이란 의미에서 '초미(超美, to uperkalon)'가 저편의 세계에 존재하지 않았다고 한다면, 그런 조건 아래서 또한 대체 무엇이 우리가 눈으로 목격하는 이 같은 아름다움보다 더 아름다운 것이 존재한다고 말할 수 있겠는가? 그래서 결과적으로 그렇게 말하지 못하는 만큼 이 세상이 저편의 세계는 아니라는 견해를 두고 그저 비난만 하는 자들은 정당하다고 할 수 없다.

9. 그러면 이제 각각 존재하면서 다른 것들과 함께 나아가지 않고 부분으로 머물러 있는 이 세상을 두고 한꺼번에 모든 것을 포괄하는 사유(dianoia)를 따라 생각해 보자. 그래서 마치 하나의 사유로 드러날 수 있으리라 여기면서, 현존하는 천궁(天宮)의 외부에서 태양에 대한 상상(phantasia)이 동시에 다른 별들에 대한 상상과 함께 즉시 뒤따르듯이 또한 땅과 바다와 모든 생명체가 한눈에 보이듯이 말이다. 마치 환히 드러나는 천궁 위에서는 실제로 그렇게 되어 가는 모든 것들이 한꺼번에 다 보일 수 있는 것처럼 말이다. [56쪽] 그래서 모든 것을 자신 안에 갖춘

천궁에 대한 상상을 환히 비추는 영혼 내부에서[35] 그런 것들이 움직이든가 정지해 있든가, 아니면 한편 움직이는 것들이 있고 다른 한편 정지해 있는 것들이 섞여 있다고 하더라도, 너 자신에게는 그 크기를 제거한 또 다른 상상을 가져 보도록 하라! 또한 장소는 물론 물질을 따라 상상했던 것들을 네 안에서 제거시키면서 말이다. 더욱이 물질의 경우 그 크기에 있어 훨씬 더 작은 어떤 것(原子)을 상상하려고 하지 말라. 차라리 그 모든 것을 만들어 낸 신에게 호소하며, 그가 너에게 다가오기를 기도하면서 그에 대한 상상을 갖도록 해 보아라! 그가 너에게 다가올 때 자기 자신의 세계는 물론 그 안에 다른 모든 신들의 세계를 동반하고 다가옴을 상상해 보아라. 그리하여 하나인 동시에 모두인 것을 상상해 보아라. 그래서 그 모든 것들 제각각을 하나로 엮어서, 비록 그들에게서 역량 또한 서로 다를지언정 저마다의 풍부한 역량으로 말미암아 모든 것들이 하나라고 상상해 보아라. 아니, 차라리 하나가 모든 것이라고 해야 할 것이다. 왜냐하면 저편에 존재하는 모든 것들이 그(신)가 됨으로써 그 역량이 더 이상 사라지지 않

35) 빛(φωτεινὴ), 상상(φαντασία), 이 두 단어를 함께 사용한 용례는 아리스토텔레스에게서도 목격된다[그의 《영혼론(De anima)》, 429a.3 참조].

을 것이기 때문이다. 그들은 동시에 함께 존재하면서도 저마다 일정한 거리를 유지하겠지만, 떨어져 있지 않을 것이요, 감각적인 모습을 전혀 띠지 않을 것이다. 그렇지 않았다면 하나는 이쪽에 다른 하나는 저쪽에 있었을 것이고, 그래서 각각이 그 자체로 모든 것일 수 없었을 것이다. 그 역량은 자기 자신 외에 다른 것들에게나 적합한 어떤 부분들을 전혀 갖지 않을 것이요, 각 부분들이 마치 뿔뿔이 흩어져 마침내 흩어진 그것들이 독자적으로 측량되기라도 하듯 각자의 크기로 존재하지도 않을 것이다. 오히려 저편의 역량은 {모든 것이자} 총체적인 역량으로서 무한을 향해 뻗어나가는 무한한 역량을 지닐 것이다. 저편의 세계는 그처럼 거대하기에 그의 모든 부분들 역시 동일하게 무한하다고 하겠다. 무언가가 존재한다고 말한 바로 그 자리가 아니라면 과연 어디서 그와 같은 것을 기대할 수 있을까? 그래서 존재한다고 말한 그 천궁이 거대하고 그 안에 존재하는 모든 역량들 역시 동시에 거대하다고 본다. 다른 한편 혹시나 그(천궁)에게 어떤 육체의 작은 능력이라도 함께하지 않았다고 한다면, 훨씬 더 거대하다거나 훨씬 더 위대하다고 말할 수 있었을까! 차라리 누군가가 그랬듯이 불[火]이나 다른 어떤 물질들에 속한 어떤 역량들이 훨씬 더 위대하다고 말해야 하지 않을까! 더욱이 우리는 어느덧 불과 함께 참된 역량의 무한함 속에서 타오르며, 무언가를 태워 버리고 또한 압력을 가할 뿐만 아니라 나아가 생명체들의 생성에 힘을 보태는 모습을 상상하지 않는가! 그럼에도 불의 역량은 그와 관련한 것들이 사라져 버릴 때 함께 사라져 버리며, 그들이 생겨날 때 함께 생겨날 뿐이다. 하지만 저편에 있는 역량은 오로지 존재하는 것과 오로지 아름답게 존재하는 것만을 취한다. [58쪽] 그도 그럴 것이 존재가 소거될 경우 아름다운 것이 대체 어디에 잔존할 수 있겠는가? 반대로 아름답게 존재하는 것이 소거되어 버릴 경우 대체 어디에 존재가 남아 있을 수 있겠는가? 아름답게 존재하는 것이 떠나 버린 거기에는 존재 역시 설 자리가 없다고 보기 때문이다. 그 때문에 존재하는 것은 갈망의 대상이다.[36] 왜냐하면 존재는 아름다움과 동일하기 때문이다. 아름다운 것은 매력적이니, 그것은 존재와 동일하기 때문이다. 그 둘 가운데 하나가 다른 하나의 원인인데, 달리 무엇으로 그 둘이 하나임을 대변할 수 있을까? 더욱이 이 세상의 부족한 존재는 우

---

36) 플로티노스는 물론 고대 철학에서 자주 엿볼 수 있는 특징으로서, '있는 것(존재)'이란 근대적인 관점에서처럼 오로지 관찰 '대상'으로서의 피사체(被寫體)가 아니라 그 자체로 목적을 갖는 능동적 의미를 띤다.

연적인 아름다움을 취하는 모상이라도 요구한다. 그로써 그것이 아름답게 드러남과 동시에 아무튼 존재할 수 있기에 말이다. 그래서 형상을 따라 존재하는 아름다움에 참여하는 만큼 형상을 수용함으로써 모든 것은 존재하게 될 것이니, 그렇듯 형상을 완벽하게 수용하면 수용할수록 더욱더 완전해질 것이다. 그러니 수용한 그것이 더 아름다운 형상일수록 훨씬 더 많이 [참된] 존재에 가깝다고 보아야 하지 않겠는가!

10. 그 때문에 직접 다스리는 다른 신들에 비해 지고한 존재인 제우스 신 또한 최초로 그런 직관에 이르는 길을 놓았고, 그런 직관에 이를 수 있는 다른 신들과 정령들(daimones)과 영혼들(psychai)이 그를 따르도록 했다.[37] 그는 볼 수 없는 어느 장소로부터 그들에게 나타나 그들 위에 높이 솟아올라서는 모든 것들을 비추고 빛을 채워 주며, 그 아래에 있는 것들의 감각을 무디게 만든다. 그래서 마치 태양을 볼 수 없었던 상태에서 되돌려 보게 해 주듯이 그들을 이끈다.[38] 왜냐하면 아래에 존재하는 것들 가

37) 《파이드로스》, 246e.4 이하, 247a.7, 248a.1 참조.

38) 앞의 책, 247d.2 참조.

운데 일부는 그를 견뎌 내고 마주하는가 하면, 일부는 그와 동떨어져 있는 만큼 어리둥절한 상태에 놓여 있기 때문이다. 그를 직관할 수 있는 능력을 갖춘 것들은 모든 것을 관조하면서 또한 그에게 속한 것들의 내면과도 마주하게 된다. 그러나 그때마다 항상 동일한 광경을 마주하지는 못한다. 그래서 긴장을 늦추지 않고 직관하는 이는 빛을 받아 정의(正義)의 원천과 본성을 보게 될 것이요, 그렇지 않은 어떤 이는 그 광경과 더불어 절제에 이르게 될 것이다. {하지만 이 절제는 일반 사람들이 자신을 거슬러 취하는 그런 절제(德)와 다르다. 왜냐하면 일반 사람들에게 절제는 어떻든 저편의 세계를 모방한 것에 지나지 않기 때문이다.} 이 세상 너머 모든 것들 위에 존재하는 그것은 소위 그의 위대함을 널리 확산시킨 '이데아'를 최종적인 목적으로 알아보게끔 이끈다. [특히] 이미 많은 광경들을 분명하게 직관한 이들로 하여금 말이다. 물론 신들이 개별적으로든 다 함께든 그것(이데아)을 직관하고 있다면, 영혼들 역시 저편의 모든 것을 직관하면서 또한 그 모든 것에서 생겨나는 것들을 알아볼 것이다. 그래서 영혼들은 마치 모든 것을 처음부터 마지막까지 스스로 소유하듯 직관할 것이다. 나아가 그들은 그들의 본성에 입각해서 저편에 존재할 수 있는 만큼 저편에 존재하게 될 것이다. 그래서 그들 대부분, 아니, 전체가 저편에 존재하게 될 것이다. [60쪽] 왜냐하면 영혼들은 부분으로 나누어져 따로 존재하지 않으니 말이다. 이런 사실들을 신 제우스는 직관하고 있다. 그래서 만일 우리 가운데 누군가의 영혼이 제우스와 사랑에 빠지게 된다면, 이 모든 것들 너머에 한통속으로(holon) 머물러 있는 아름다움을 최종적인 목적으로 알아보게 될 것이요, {그래서} 저편의 아름다움들에 동참하게 될 것이다. 왜냐하면 이 아름다움들은 모든 것들을 밝게 비추고, 저편으로 나아가는 이들로 하여금 그 자신들도 아름다운 존재가 된 것처럼 충만하게 해 줄 것이기 때문이다. 높은 곳, 그러니까 땅이 갈색을 띠는 그런 곳으로 오르는 대부분의 사람들이 그곳을 밟음으로써 그곳에 가득 채워진 색상과 동일한 색으로 물들어 버리는 것처럼 말이다. 저편의 세계에선 온통 펼쳐진 색상이 아름다움이라는 것이요, 더 잘 말해서 모든 색상이 그 바닥까지 철저히 아름다움이라는 것이다. 왜냐하면 그 속의 아름다움이 겉에 펼쳐진 아름다움과 다르지 않을 것이기 때문이다. 하지만 전체를 보지 못하는 이들에게는 외적인 것만 눈에 다가온다. 반면 전체를 두루 바라보는 이들에게는 마치 넥타(신들의 음료)에 취하여 흠뻑 젖는 것처럼, 그들의 영혼이 온통 아름다움으로 가득 채워지는 덕분에, 그들은 단지 [겉으로] 보이는 것들에만 처음부터 마음을 빼앗기지는 않는다. 왜냐하면 거기서는 보이는 대상이 바깥에 있지 않고, 다만 바깥을 바라보는 자(주체)가 존재하기 때문이다. 그러나 재빠르게 바라보는 자는 바라본 것을 자신 안에 소유하지만, 그렇듯 소유하면서도 대부분을 알아보지 못한 채 그런 것들이 마치 바깥에 있기라도 하듯 바깥을 바라본다. 왜냐하면 그는 바라본 그것을 찾는 데 급급하고 또 찾기를 원하기 때문이다. 누군가가 모두 눈에 보이는 것만을 찾겠다면, 바깥에서 찾아야 할 것이다. 그러나 자기 자신을 향해 이미 침잠(沈潛)할 수 있거나 '하나'를 알아볼 수 있거나 혹은 자기 자신을 알아볼 수 있다면, 그래서 만일 누군가가 신에 의해 사로잡히거나 포이부스[39)]에게 붙잡히거나 혹은 여느 뮤즈에 의해 자신 안에서 신의 직관을 이루어 내기라도 한다면, 혹은 자신 안에서 신을 바라보는 능력을 발휘하기라도 한다면, 그와는 다를 것이다.

---

39) 포이부스(Phoebus): 포이부스-아폴론(Phoebus-Apollon), 곧 '현금(玄琴)'을 손에 든 아폴론 신을 가리킨다. '음악의 신'으로 일컬어지는 포이부스는 '플루트'를 연주하는 판(Pan)과 음악 경연을 펼쳐서 승리하기도 한다. 그는 늘 아홉 명의 뮤즈(신전무녀)들에게 둘러싸여 있다.

11. 게다가 우리 중에 누군가에게 자기 자신을 바라보는 능력이 부재하여 저편의 신에 힘입어 직관할 수 있는 상태로 나아가게 된다면, 그는 정작 보고자 하는 것을 생산해 내거나 아니면 자신을 다듬어 내거나 그것도 아니면 아름답게 장식된 신의 모상을 알아보게 될 것이다. 그리하여 그는 그 모상이 아름답게 존재하는 것으로 경험하고 그와 하나가 되려고 애쓸 것이요, 마침내 그 어떤 분열을 경험하지 않는 가운데 하나이면서 동시에 모든 것으로서 소리 없이 현존하는 저편의 신과 하나가 될 것이다. 그리고 그는 그의 곁에 머무르게 될 것이요, 그가 원하는 만큼 거기에 머물게 될 것이다. 그러나 만일 그가 [다시 신과 떨어져] 둘로 되돌아가겠다면, 순수하게 머무는 신 바로 다음에 서 있게 될 것이다. [62쪽] 마찬가지로 만일 그가 또 다시 신에게로 몸을 돌린다면, 다시금 그런 방식으로 신 곁에 현존할 수 있을 것이다. 그 같은 되돌아감(回歸)에는 다음과 같은 득(得)이 있다고 하겠다. 그것은 그가 신과 다르게 존재하는 동안 자신에게서 비롯되는 느낌을 갖겠지만, 그가 속히 그 내면으로 파고들어 모든 것을 소유하게 된다면, 다르게 존재할 것이라는 두려운 느낌에서 벗어나게 될 것이요, 저편에서 하나로 있게 될 것임을 가리킨다. 다른 한편 그가 다르게 존재하는 것을 지켜보고 싶은

감정이 일게 된다면, 결국 그는 바깥에서 자신을 다듬어 내게 될 것이다. 그러나 만일 그가 어떤 고유한 모습으로 머물러 있는지 철저히 배우겠다면, 그리고 그와 더불어 자신을 구별하는 법을 알아내고자 한다면, 앞서 말한 바와 같이 자기 내면으로 들어가야 한다. 그래서 최고로 복된 그 무엇을 향해 나아가기라도 하듯 그런 믿음을 배우고 또 수용해야 한다. 어느덧 자신을 그 내면에 내어 주고 눈으로 보려고 하는 대신에 보는 자와 구별되는 '보이는 것'이 되어야 한다. 그와 같은 태도를 취한 이들에게는 저편에서 다가온 빛이 그들의 정신적인 측면을 비추는 상황이 벌어질 것이다. 그러면 어찌 아름다움 속에 있으면서 그것을 보지 못할 수 있겠는가? 반면에 그가 그것(아름다움)을 그와 다른 것으로 바라보는 한 아름다움 안에 있지 못하겠지만, 만일 그가 스스로 그것이 되어 버린다면 그렇듯 의당 아름다움 안에 있게 될 것이다. 그런데 만일 '본다'는 것이 바깥에 서 있는 것과 관계하면서 바라본 것과의 동일성 외에는 달리 추구해서는 안 된다고 한다면, [여기서] '본다'는 것은 흡사 자신에 대한 이해(synesis) 혹은 자각(synaisthesis)을 뜻한다고 하겠다. 이때의 '자신'은 저 자신을 따로 세워 두고자 하는 감정을 강하게 내세워서는 안 된다는 점을 숙지해야 한다. 또한 다음과 같은 사실을 필히 잘 새겨들어야 할 것이니, 그것은 추한 것들이 우리의 감정을 더욱더 격하게 자극하는 반면, 상대적으로 우리의 지성에게는 호소력이 매우 떨어진다는 사실이다. 왜냐하면 질병은 훨씬 더 우리를 경악하게 만드는 데 반해, 건강은 우리에게 친숙한 관계로 그 자체에 대한 이해를 훨씬 더 많이 갖는다고 보기 때문이다. 그것은 건강이 우리에게 고유한 것이자 우리와 일치하는 데에 더 친숙하기 때문이다. 그에 반해 질병은 우리에게 낯선 것이자 고유한 것이 아님을 가리킨다. 이는 또한 다음과 같은 사실로도 분명하다고 보는데, 질병은 지금의 우리와 아주 다른 모습을 강요하기 때문이다. 질병은 우리 곁에 있는 것과 우리 자신을 무디게 만든다. 이처럼 우리 모두는 건강을 유지하는 대부분의 경우 우리에 대한 지식과 우리를 단일체로 일궈 내면서 우리 자신에 대한 이해에 매진한다. [64쪽] 그렇다면 이제 저편에서 우리가 정신을 따라 가장 잘 이해하고자 할 경우, 감각에 기초한 감정을 기대하는 일에는 무지한 것이 낫다고 가르쳐야 할 것이다. 아니면 눈으로는 볼만한 것이 하나도 없다고 말해야 할 것이다. 왜냐하면 거기 저편에서는 눈으로 볼만한 것이 없을뿐더러 거기에 존재하는 것들은 눈에 비치지도 않기 때문이다. (눈으로 바라보는) 감각은 의심스러운 것인 데 반해 직관한다는 것은 감각과 다르다. 그렇지 않고, 만일 직관이 믿을 만하지 못하다고 한다면, 자기 자신에 대해 아는 일이 도대체 가능할 수 없지 않은가! 왜냐하면 마치 우리의 육체적인 두 눈으로 감각적인 것들을 응시하듯이 스스로 바깥에서 자기 자신을 관찰할 수는 없기 때문이다.[40)]

12. 그러면 어떻게 그것(직관한 것)과 다르게 존재하는 그가 그것을 또 어떻게 그와 같게끔 다듬어 낼 수 있을지 말해 보도록 하자. 만일 그가 그것과 다르게 존재하든지 혹은 그와 동일하게 머물러 있든지 간에 과연 그것을 직관했다면, 그는 [우리에게] 무엇을 전해 줄 수 있을까? 혹은 아름다운 자식을 낳는 산고(産苦)의 신을 목격했다고 할 때, 그 사실을 어떻게 전해 줄 수 있을까? 전적으로 신 자신 안에 그 자식이 잉태되었음에도 신 자신은 산고의 고통을 갖지 않았다는 사실을 말이다. 과연 자식을 낳는 이는 즐거워하고, 낳은 자식을 두고 기뻐할 것이나 그는 자신의 힘으로 그에게서 나온 것들뿐만 아니라 그렇듯 나온 것들의 광채마저 모두 삼켜 버렸다는 사실을 말이다.[41)] 아름

---

40) 아마도 내면적인 성찰을 통해서 우리 자신을 바라보는 일은 가능하지만, 마치 사물을 관찰하듯 감각적으로는 그런 자기 인식이 가능하지 않음을 의도한 것으로 이해된다.

답게 존재하는 것들과 더더욱 아름답게 그 내면 깊숙이 머물러 있는 것들 가운데 유독 그들과 다른 하나(monos)가 {제우스를 가리키는데} 아들과 같은 의미에서 바깥으로 모습을 드러내게 되었다. 그래서 그에게서, 곧 그렇게 나온 많은 자식들 가운데 막내와 같은 그(제우스)에게서 마치 {아버지 신의} 모상과도 같은 일련의 형상을 우리는 목격하게 되었다. 그로써 저편에 존재하는 그 아버지가 어떠한 모습인지, 또한 그 아버지 곁에 함께 머물러 있던 형제들이 어떠한 모습인지 짐작할 수 있도록 해 주었다. 그런 모습들이 그가 아버지로부터 이유 없이 떨어져 나온 것이 아님을 말해 준다. 그도 그럴 것이 실제 그 자신의 존재가 마치 저편 아름다운 세계의 모상과 같기에, 이내 또 다른 아름다운 세계가 되었기 때문이다. 왜냐하면 아름다운

41) 이 이야기는 헤시오도스가 신화적으로 전하는 거대 서사시에서 '크로노스(Kronos)' 신이 우라노스(Uranos) 신에 의해 탄생된 모든 것들을 집어삼켜 버린 내용을 시사하고 있다(Hesiod, 《Theogonia》, 459쪽). '산고의 고통'마저 '삼켜 버렸다'는 것일까? 아무튼 뒤따르는 구절에서 '하나의 신'으로서 "막내"는 제우스를 가리킨다(478쪽). 그렇다면 전체적인 맥락에서 플로티노스는 우라노스, 크로노스, 제우스를 소위 이 세상의 창조와 연루한 '저편의 세계'의 주인공들로 간주한 셈이다. 이는 실상 플로티노스가 저편의 세계에 존재하는 "세 가지 자립체"(하나-정신-영혼)의 모형으로 이해된다(하르더, 《플로티노스 전집》 Bd III, b396~397).

것, 혹은 참으로 존재하는 것으로부터 아름다운 모상이 생겨나지 않는다는 것은 도저히 견딜 수 없는 일이기 때문이다. 과연 모상은 모든 면에서 그 원형(to archetypon)을 본받는다. 그래서 생명을 취하거나 그 존재(성) 또한 그렇게 모상의 입장에서 뒤따라 취하기 때문에 마치 그런 것들이 저편의 세계로부터 비롯되는 것처럼 그 아름다움도 함께한다. 모상이라는 점에서 또한 저편의 영원함도 함께 모방한다. {그렇지 않으면 저편의 세계가 어떤 때는 모상을 갖다가 또 어떤 때는 모상을 갖지 않는다고 해야 하지 않는가!} 그런 모상은 기술(技術)로 생겨난 것이 아니다. 대자연에서 발견되는 그 같은 모든 모상은 도대체 원형이 거기 함께하는 한 지속적으로 존재할 것이다. 그런 이유로 정신이 가만 머물러 있는 동안에도 모상이 사라진다거나 [66쪽] 또 한때 제작자의 의지만으로 만들어 내듯이 그렇게 산출된다고 말하는 것은 옳지 않다. 왜냐하면 그런 입장은 어떤 방식으로도 그렇게 제작된 것을 이해하려 하지 않는 것이요, 또한 저편의 세계가 [항상] 빛을 비추고 있다는 사실을, 그리고 얼마나 빛을 비추고 있는지를, 나아가 언제든 다른 것들을 소홀히하지 않고 오히려 저편의 세계로부터 꾸준히 존재하고 있음을, 그래서 영원히 존재해 왔고 또 그렇게 계속 존재할 것이라는 점에서[42] 그것들과 동일하다는 사실을 받아들이지 못하는 것이기 때문이다. 한편 이와 같은 표현들을 사용할 수밖에 없는 것은 저편의 세계에서 벌어지는 사실들에 대해선 상징적으로 말하는 것이 필연적이라 보기 때문이다.

13. 그러면 신은 마치 갇혀 있는 자와도 같이[43] 그렇듯 동일하게 머물러 있고자 그 자식에게 그러하듯 만물을 지배하게끔 위임했다고 보아야 할 것이다. 왜냐하면 신에게서 그가 저편의 시원(始原)을 포기한 채 [이미] 아름다운 것들로 풍요를 누리는 자신보다 더 새롭고 더 뒤늦은 어떤 아름다움을 추구한다는 것이 아직까지는 적절해 보이지 않기 때문이다. 그러므로 그 자식은 이 세상을 포기하고 자신의 아버지에게 자리를 내어 주고 {제 자신에게로 돌아가서} 저 위에 자신이 참여하게 될 것이다. 다른 한편 신은 아래로 내려간 그 자식에 의해 시작된 것들이 자신 뒤

---

42) 《티마이오스》, 37e.6 참조. 그가 생각한 '영원한 세계' 혹은 "영원(αἰών)"은 '과거로부터 미래까지 두루 포괄하는 현재만을 누리는' 개념이며, 플로티노스는 그의 작품 〈Enn. III 7: 영원과 시간에 관해〉 안에서 이를 상세하게 다루었다.

43) '사슬에 갇힌 신'의 모습은 크로노스 신으로서 '변함없이 머물러 있는 정신'을 상징한다(〈Enn. III 8〉, 11.39 참조).

에 존재하도록 자리를 마련해 줄 것이다. 그렇게 신은 저 위로 향한 일부의 상이성에 의해 생겨난 것과 자신 뒤에 아래로 향하는 것 때문에 방해하는 굴레로 인해 생겨난 두 가지 이질적인 것 사이에서 포착된다.[44] 곧 보다 더 나은 아버지와 보다 덜한 아들 사이에서 말이다. 그런데 그 아버지는 분명 아름다움을 줄곧 유지해 왔기에, 아들보다 훨씬 더 위대하다고 보는 점에서 가장 먼저 아버지[精神]가 아름다운 존재로 머물러 있었고, 그에 이어 비로소 영혼[아들] 또한 아름답게 존재하게 되었다고 말해야 할 것이다. 그렇다면 그 아버지가 또한 그 아들보다 더 아름답다고 말해야 할 것이다. 왜냐하면 영혼은 그의 모상이기 때문이다.[45] 또한 그런 점에서 영혼이 아름답고 또 그 아름

44) 해석하기 어려운 부분이다. 독일어 번역본(R. Harder)에는 "그는… 아버지와… 아들, 그 사이에 서 있다(so steht er… mitten inne zwischen dem Vater… und dem Sohne)"고 하는데, 거기서 '그'가 신(神)이라면 뒤따르는 비유적 표현의 '아버지'와 '아들' 역시 신이 아니라고 보아야 하는 것인지 이해가 쉽지 않다. 그래서 차라리 '신'의 모습이 이 비유적인 아버지와 아들 사이에서 우리에게 발견된다고 풀이했다.

45) 플로티노스에게서 '영혼'은 '정신의 모상 혹은 로고스'다. 그렇다면 여기서 '그'가 '정신'으로 추정된다면, 신(神)은 곧 저편의 세계의 두 번째 자립체인 "정신"이요, 여기서의 신화적인 설명으로는 '크로노스 신'으로 풀이된다.

다움을 영혼의 본성이라고 말할 수 있지만, 실제 영혼이 저편의 세계를 직관한다면 훨씬 더 아름다워질 것이다. 그러므로 우리가 좀 더 알아듣기 쉽게 말해서, 만일 그 영혼이 세계영혼, 곧 아프로디테로서 아름다움을 대변한다면, 저 너머의 것은 무엇을 의미할까? 만일 영혼 자체로 인해 아름답다고 한다면, 저 너머의 것은 대체 얼마만큼 아름답다는 것일까? 만일 영혼 자체와는 다른 어떤 것으로 인해 아름답다고 말한다면, 과연 무엇으로 인해서 영혼은 물론 그의 본성에 기초해서 나타나는 것과 또 그와 더불어 성장하는 것이 아름다움을 갖는 것일까? 만일 또 달리 말할 수 있다면, 그래서 우리 자신들에게 속한 혹은 친숙한 그런 것들은 아름다우며, 우리와 다른 본성을 지녔기에 우리가 그냥 지나치는 그런 것들은 추하다고 하겠다. 또한 우리 자신을 인식할 경우 아름다우며, 우리 자신을 인식하지 못할 경우 추하다고 하겠다.[46] 그렇다면 저편의 세계는 저편의 세계로 말미암아 아름다운 셈이다. [68쪽] 그러면 지금까지의 설명으로 분명하게 밝히고자 했던 정신의

---

46) 플로티노스의 철학은 그렇게 인식 및 반성적 실천을 통해 '자기 영혼의 발견 및 자아 인식'에 이르는 것을, 그리하여 결국 자기 존재의 회복, 곧 자기 본래 모습으로 되돌아가는 일을 목표로 삼는다. '내가 보는 아름다움은 나의 아름다움이요, 내가 보는 추함은 나의 추함이다!'

거처[精神世界]에 대한 이해는 어느 정도 채워졌을 것이라 본다. 그렇지 않다면—이와 같은 방식으로—또 다른 길을 따라 다시 이끌어야 할까?

엔네아데스 III 5: 사랑에 관해

1. [172쪽] 사랑[47]에 관해, 곧 사랑은 어떤 신(theos)인지, 아니면 정령(daimōn)인지 그것도 아니면 영혼의 어떤 감정(pathos)에 불과한 것인지, 아니면 일부는 어떤 신이나 정령이면서 또 다른 일부는 어떤 감정에 속하는지, 그래서 저마다 행하는 것이 따로 있는지에 대해 알기 위해서는 그에 가까이 다가선 다른 사람들의 통찰과 그에 관해 철학적 가르침이 이뤄 놓은 가치를 유심히 살펴야 할 것이다. 그래서 여기서는 특히 신적인 플라톤(ho theios Platon)이 이에 대해 파악한 바를 살펴볼 것인데, 그는 사실 자신의 작품 여러 곳에서 여러 번 사랑에 관해 글을 썼다. 또한 그는 사실 영혼(들) 안에서 생겨나는 어떤 감정이라고만 말하지 않았고,[48] 더 나아가 그(에로스)를 정령이라고 일컬으면서 그의 탄생에 대해서도, 그러니까 그가 어떻게, 그리고 어디서 태어나게 되었는지도 자세히 설명해 주었

47) 여기서 "사랑"은 자주 그리스 신화의 에로스(Eros)와 동일하게 혼용되고 있음을 유념할 필요가 있다.

48) 플라톤, 《파이드로스》, 238c, 《법률》, 734a, 870a, 941c.

다. 그러면 우리에게 사랑을 불러일으키는 감정에 대해서, 다시 말해 어떤 아름다움과 결합하기를 욕구하는 영혼(들) 안에서 생겨나는 감정[49]이라고 보는 점에 대해서 살펴보자. 어쩌면 이 욕구 자체는 한편 절제를 따라 아름다움에 편안함을 느끼는 그런 영혼 안에서 목격되는가 하면, 다른 한편 어떤 추한 행위를 이루려는[50] 목적과도 결부되는 것처럼 비친다. 그러나 이 두 가지 모습의 사랑이 어디서 그 기원을 갖게 되었는지 아무도 간단히 알아듣지 못하기에, 이에 대해 유심히 살펴보는 일을 철학적 사색을 통해 접근해 가야 할 것 같다. 그래서 만일 누군가가 그 기원을 이전에 영혼(들) 안에서 바라본 그의[51] 아름다움에다 두고는 그것을 다시 알아보고 그와 결합하려고 함으로써 합리성을 넘어[52] 내밀한 관계에 이르고자 노력하는 행위

49) 이는 여기 〈Enn. I 6〉, 7장과 〈Enn. V 8〉, 10장의 내용과 일맥상통하는 '사랑의 정의(定義)'다.

50) 《향연》, 206d.

51) 이 표현('그의')은 문맥상 헤아리기 어렵지만, 플로티노스에게서 "하나(ἕν)"에 대한 '영혼의 신비스러운 혹은 무의식적인 통찰'과도 연관된다고 본다(하르더, 《플로티노스 전집》 Bd. V, 393쪽).

52) οἰκειότητος ἄλογον σύνεσιν에 대한 번역이다. 여기서 ἄλογον은 '비합리적', '반(反) 로고스적', 혹은 '불합리한', 혹은 '비이성적'이라거나 '무의식적'(하르더의 번역)이라고까지 번역 가능한 용어다.

라 풀이한다면, 내가 볼 때 그는 참된 원인을 찾아낸 것이다. 왜냐하면 그와 반대되는 경우는 자연에 있어서든 신에게 있어서든 추한 것으로 비치기 때문이다. 그 때문에 자연은 생산할 때 아름다운 것을 응시하는 만큼 선(agathon)과 맞닿아 있는 것들을 확정적인 것으로 간주하고, 추한 것은 그와 다른 것과 맞닿아 있는 것들로서 불확정적인 것으로 간주한다.[53] 정작 자연의 탄생은 저편에서, 분명히 말해 선의 세계 및 미의 세계에서 이루어졌다. [174쪽] 누군가가 탄복하는 그 무엇에 가까이 있으려 한다면, 그와 관계를 맺으려 할 뿐만 아니라 나아가 그 모상(eikōn) 앞에서도 고무될 것이다. 만일 누군가가 이런 원인의 해명을 올바른 것으로 여기지 않겠다면, 도대체 어떤 조건 아래서, 그리고 어떤 이유에서 사랑의 감정이 생겨나는지 설명할 만한 구실을 찾지 못할 것이니, 사랑하는 이들이 서로 육체적으로 결합(結合)하려는 사실에 대해서 할 말이 없을 것이다. 왜냐하면 이런 이들은 아름다움을 통해 출산하길 원하기 때문이다.[54] 만일 자연이 아름다운 것들을 낳고자 원했음에도 추함을 통해 출산하는 것을 보

53) 《자연학》, 201b.25 참조.

54) 《향연》, 206c.

게 된다면 어처구니가 없을 것이다. 한편 이 땅에서 출산하려고 부산한 이들은 이 세상에 존재하는 아름다운 것을 취하는 것으로 만족할 것이다. 왜냐하면 그들에게는 이 세상의 이런저런 것을 사랑하게 하는 장본인(原因)인 원형이 함께하지 않는 까닭에, 모상들과 육체적인 것들 곁에 함께하고자 애쓸 것이기에 말이다. 나아가 그들이 이 세상의 아름다운 것을 넘어 저편의 세계에 대한 기억으로 나아간다고 하더라도, 모상과 유사한 것에 만족할 것이요, 반면에 아예 기억하지 못하게 될 경우, 감정에 의한 무지로 인해 이 세상의 아름다운 것이 그만 참된 것으로 비칠 것이다. 그래서 절제를 잃지 않는 가운데 이 세상에 존재하는 아름다운 것과의 인연(oikeiōsis)은 무죄지만, 굳이 성적(性的) 결합으로 추락하는 일은 유죄다. 아름다운 것에 대한 사랑이 순수하게 머물러 있는 사람에게는 오로지 아름다움(자체)만이 만족을 줄 것이다. 기억을 하게 되든 못하게 되든 상관없이 말이다. 그러나 또 다른 충동, 예컨대 사멸하는 이에게 솟구치는 '사멸하지 않고 존재하는 것(불멸성)'과 같은 충동에 사무쳐 있는 이에게는 항상 낳음과 영원성 속에 자리하는 아름다움이 동경의 대상이 될 것이다.[55] 그 본성을 따라 살아가는 이 또한 아름다움을 통해 씨앗을 뿌리고 그 결실을 얻을 것이다. 아름다움과 가까운 관계라는 사실을 저버리지 않고 아름다움을 통해 꾸준히 씨앗을 뿌림으로써 말이다. 왜냐하면 영원성 또한 [참된] 아름다움과 가까운 관계이기 때문이다. 따라서 영원한 본성은 첫 번째로 아름다운 것에 속하기에, 그 밖의 모든 아름다운 것들이 그의 아름다움으로 말미암은 것이라 하겠다. 그런데 출산을 원하지 않는 이는 차라리 아름다움 안에 스스로 만족하는 존재인 반면, 아름다운 것을 낳기를 바라는 이는 [자신의] 부족함과 자족하지 못함으로 말미암아 그렇게 하려고 원하는 것으로 볼 수 있다. 그래서 그런 이는 어떻게든 아름다움을 통해 무언가를 낳게 될 때 그와 같은 (원하는) 상태를 성취했다고 여긴다. [176쪽] 한편 비합법적으로 혹은 자연을 거슬러 출산하기를 원하는 이들은 자연을 따르는 길에서 벗어나 스스로 시초(기원)가 되려고 하지만, 그것에서 멀어지고 그 길에서 미끄러짐으로써 사랑이 그들을 어디로 이끌고 가는지 알지 못할뿐더러 출산의 원의(願意)도, 아름다움의 모상의 유용함도, 나아가 아름다움 자체가 무엇인지도 알지 못한다. 다른 한편 육체가 아름답다는 이유로 {사랑일 것이라 여

55) 진정한 사랑의 참모습으로서 이미 〈Enn. I 6〉, 6.21에서도 언급한 바 있는 내용이다.

기고} 아름다운 육체를 {성적 결합을 목적으로} 사랑하는 이들과 앞서 말했던 성적 결합으로서의 사랑을 여성들과 함께 나누는 이들은 그로써 영원함도 얻으려고 하지만…[56] {그 같은 [만족스러운] 상태에 이르지 못한 채 좌절하게 될 것이다.} {반면 보다 훌륭한 사람들은} 앞선 두 가지 경우 모두를 절제한다. 하지만 이 세상의 아름다움을 갈구하며 그것으로 만족하려는 사람들이 있는가 하면, 달리 저편의 세계를 기억하려고 애쓰면서도 이 세상 또한 저편의 세계에서 추락한 어떤 것이라고 결코 취급하지도 않거니와 마치 어린아이 장난감처럼 경시하지 않는 사람들도 있다. 이들은 아름다움에 관한 한 추함 없이 알아듣는다. 그에 반해 아름다움을 빌미로 추함에 떨어지는 자들도 있다. 왜냐하면 선(善)에 대한 원의(願意) 역시 악(惡)으로 추락하는 경우가 더러 있기 때문이다. 이런 경우들은 또한 영혼의 감정과 결부된 것들이다.

2. 사랑을 신으로 고려(설정)하는 경우와 관련해서는 단지 [오늘날] 여러 사람들만이 아니라 또 달리 (옛) 신학

---

56) 원문에 말줄임표(…)가 뒤따르는데, 필사본의 소실 및 해독 불가능한 부분을 가리킨다.

자들[57]과 플라톤 역시 여러 곳에서 아프로디테의 에로스에 대해[58] 이야기했고, 나아가 에로스에게 '아름다운 소년들의 감시자'[59] 역할을 위임한 바 있다. 그래서 그는 영혼이 저편의 아름다움을 향해 움직이도록 독려하거나 저편의 세계를 향해 이미 마련된 충동을 배가시킨다고 한다. 이에 관해 해명하는 일이 무엇보다도 철학의 과제다. 그래서 실상 (플라톤의) 《향연》 안에 기록되어 있는 것을 함께 고려해야만 할 것이다. 거기선 에로스를 **아프로디테에게서 태어난 자로** 말하지 않고, 아프로디테의 생일날에 페니아(Penia)와 포로스(Poros) 사이에서 태어난 자로 설명한다.[60]

그 이야기가 밝히는 바와 같이 아프로디테에 관한 어떤 설명들 역시 다음과 같은 우리의 궁금증, 예컨대 에로스가 저 아프로디테로부터 태어났는지, 아니면 [단지] 그

---

57) 과거 '신학자들(θεολόγοι)'이란 소위 '신과 관련된 비밀(예컨대 신화 및 신비)에 관해 논하는 이들'로서 철학자들과 같은 부류에 속한다.

58) 《파이드로스》, 242d.1, 《향연》, 203c. 아프로디테의 아들로서 에로스에 관한 이야기.

59) 《파이드로스》, 265e.

60) 선행 연구자(Kirchhoff)의 삽입 구절(고딕체)이 문맥상 필요하다고 판단하여 하르더가 채택했다.

녀와 함께 다닌다고 보아야 하는지에 관한 궁금증에 도움을 줄 것이다. [178쪽] 먼저 그러면 아프로디테는 누구일까? 그다음 어떻게 에로스가 그녀에게서 태어났을까? 또 어떻게 그녀와 함께 다니게 되었을까? 아니면 어떻게 그녀에게서 태어났고 동시에 그녀와 함께 다니는 자격[位相]을 갖게 되었을까? 실상 우리는 아프로디테를 이중적인 모습으로 묘사한다. 한편으론 우라노스(Uranos) 신에게 속한 천상적인 존재로, 다른 한편으론 제우스와 디아나(Diana) 사이에서 태어난 존재로서 말이다.[61] 후자의 경우 지상에서 결혼을 관장하는 이로도 이해한다. 전자의 경우는 어미 없이 태어났음을, 그리고 결혼과는 무관한 이로 이해하기도 한다. 왜냐하면 천상에서는 결혼하는 일이 없기 때문이다. 사람들은 그녀를 가리켜 저편의 정신이라 일컫는 크로노스(Kronos) 신에게서 비롯되었다고 말하고, 그로부터 즉시 티 없는 것 가운데 티 없는 것으로 자란[62] 가장 신적인 영혼으로서 위[天上]에 머무르게 되었다고 확신한다. 그래서 마치 이 지상으로 애써 내려오지

61) 《향연》, 180d. 멀게는 크세노폰(Xenophon), 《잔치(Convivium)》, 8, 9 참조.

62) '자란'이란 번역은 원문에 없으나 뒤따르는 구절(2.27)에서 확인되는 εὐθὺς ἐκ νοῦ πεφυκὸς(be produced, grow)의 의미를 살렸다.

않을뿐더러 그런 것을 원하지도 또 {본성적으로 그렇지 못하기에} 그럴 수 있는 능력도 없는 것처럼 이해하려고 한다. 그러니 그녀는 이 아래에서 살아가는 것들로 인해 변하지 않고, 지상의 그 어떤 실체와도 동떨어져 있으니, 물질과 공유하는 바가 없다. 그런 이유를 들어 어미 없이 태어났다고 말하면서 그녀의 본성이 알려지지 않았다고 설명하기도 한다. 그래서 그녀는 기실 누군가 정당하게 말하듯 [천상에 속하는] 신인 셈이지 정령은 아니다. 왜냐하면 그녀는 [물질과] 뒤섞인 존재가 아니고, 제 스스로 순수하게 머물러 있기 때문이다. 그것도 그녀가 정신에서 즉시 자라났다는 점에서 그 자체로 순수하다. 그 때문에 그녀는 정신을 좇을 때 더욱 강해지지만, 그녀에게 자리하는 (고유) 욕망과 위상에 의거하더라도, 저 위에 자리하는 존재로서 충분히 생산하는 존재의 자격을 갖추고 있는 셈이다. 정신과 단단히 결속해 있는 영혼은 거기서 추락할 리 없을 것이니, 그 까닭은 제 자신으로부터 분출하여 다시 자신과 결합시키는 빛을 두루 비추는 태양보다 훨씬 더 단단히 저 영혼은 {자발적으로} 정신과 결합하여 있기 때문이다. 사실 아프로디테는 크로노스를 뒤따르든가, 아니면 그녀가 원한다면, 크로노스의 아버지인 우라노스에게서 영향을 입었던 만큼, 또한 그를 향해 나아감으로써 그와의 관계로 인한 열정에 휩싸여 에로스를 낳고 에로스와 함께 그를 응시할 수 있었을 것이다. 아프로디테의 이런 능력이 에로스의 실체와 존재를 만들어 냈고, 그래서 그 둘 모두 저편의 세계를 응시한다고 하겠다. 곧 낳은 자로서 그녀와 낳아진 자로서 아름다운 에로스가 말이다. 이때 에로스는 항상 자신과 다른 아름다운 것을 향해 질서 지어져 있으며, [180쪽] 마치 그리워하는 자와 그리운 이 사이에 자리하는 '중재자'와 같은 위치에 있다. 그래서 그리워하는 자의 눈[眼]이 사랑을 통해 그 자체의 힘으로 그리운 이를 보게 된다고도 말할 수 있다. 이때 그리워하는 자는 저 사랑(행위) 이전에도 신체 기관(눈)을 통해 볼 수 있는 능력을 지니고 있으며, 마주하는 대상 곁에서 스스로 보는 행위를 완성시킬 수 있었다는 점을 앞서 고려할 수도 있을 것이다. 하지만 [신체적인] 눈은 그리워하는 자의 [사랑의] 눈보다 앞서 존재한다 하더라도, 저 그리운 이에게 단단히 붙박여 있는 그런 모습을 그대로 바라보지 못하는 반면, 사랑의 눈은 자신을 스쳐가는 아름다움의 장관을 향유하게 될 것이다.[63)]

---

63) 보다(ὁρᾶν)와 사랑하다(ἐρᾶν)는 이미 말마디가 매우 유사하다는 점에서 오래전부터 동의어처럼 활용되어 왔다. 마치 '보다(videre)'와 '알아보다(scire)'가 자주 혼용되듯이 말이다.

3. 에로스가 자신을 낳은 자(아프로디테)의 존재로부터 실체와 존재를 얻는다면, 그녀보다는 못하겠지만, 그럼에도 그가 존재한다는 점은 의심의 여지가 없어 보인다. 왜냐하면 저 영혼(아프로디테)도 존재를 갖추고 있었고, 그녀 앞에 존재해 온 능력(energeia)으로부터 생겨났을 것이기 때문이다. 그것은 {그녀 역시 생명체로서} 존재하는 것들의 존재에서 비롯했을 것이요, 저 너머의 첫 번째 존재로 있었던 것을 우러러보듯 격정적으로 바라봄으로써 생겨났을 것이라 보기 때문이다. 그래서 그녀(순수 영혼)에게 첫 번째로 보인 것이 있었으니, 그것은 마치 그녀가 자신의 선(善)을 대하듯 바라보았을 것이고 또 그렇게 바라본 것은 그녀를 흡족하게 해 주었을 것이다. 또한 그녀에게 보인 것은 마치 보는 자가 보는 행위를 그저 우연히 실현하는 것과는 다른 차원에서 그런 모습으로 존재하게 되었다고 생각한다. 그것은 그녀가 마치 쾌락 중에 혹은 그것(보인 것)으로 집중하는 중에 혹은 나아가 보다 격정적인 바라봄 중에 어떤 것을 자신의 의지와 상관없이(para autēs) 낳은 것과도 같다. 이때 그 '어떤 것'이란 영혼 자신과 보인 것의 가치(價値)를 뜻한다. 그러니까 그것은 보인 것에 대해 집중하는 능력으로 인해, 마치 보이는 대

상을 그 안에 가득 채운 눈[眼]으로부터 흘러나온 능력으로 인해 생겨난 것과 같다고 하겠다. 그것은 흡사 눈이 모상을 손에 쥐고서 바라보는 것과 같다. 아마도 에로스는 그런 식으로 생겨났을 것이고, 그 이름 역시 그로부터 유래해서 그에게 주어졌을 것이다. 왜냐하면 사랑은 보는 행위로부터 그 실체를 얻기 때문이다. 그러나 존재가 비-존재보다 앞선다면－비록 그 [보는] 감정을 가리켜 사람들이 "**사랑한다**"고 표현한다 하더라도－, 과연 그 감정이 그런 형국(비-존재)에서 이름(존재)을 취했다고 말해도 좋을까?[64] 더욱이 만일 "**사랑이 그것(비-존재)을 이것(존재)으로 취한다**"고 표현한다면, 사랑을 순수하다고 말할 수 없는 것은 아닐까? 실상 저 위에 존재하는 영혼의 에로스는 자발적으로 위를 우러러보는 그런 모습으로 설명할 수 있을 것이다. 그래서 에로스는 저 영혼의 수행원처럼 저 영혼에게서 나와 [182쪽] 저 영혼에 반(反)하여 존재하게 되었으니, 결국 신들을 관조하는 중에나 충만해질 것이라고 설명할 수도 있을 것이다. 우리는 천상에서 처음 빛을

64) '존재'가 비-존재 및 되어-감(生成)보다 우월하다는 사상은 플라톤의 기본 입장이다(《파르메니데스》 및 《티마이오스》 참조). 따라서 참된 '사랑'은 모두 '존재'로부터 비롯되듯, '존재'에 대한 열망을 함의한다.

발하는 저 영혼을 [다른 것들과] 구별해 말할 수 있듯이, 그 영혼을 뒤따르는 에로스에 대해서도 구별해 말할 수 있을 것이다. 만일 우리가 표현한다면, 그 영혼을 가리켜 기꺼이 '천상의 영혼'이라고 말할 수도 있다고 본다. 다만 우리가 또한 '우리 안에'라고 말하면서 '우리 안에 그 고상한 것이 [우리와 구별해] 별도로 존재한다'고 생각하기만 한다면, 그래서 우리가 여전히 그 고상한 것이 스스로 존재한다고 가정하는 한 말이다. 천상의 에로스는 저 영혼이 순수하게 존재할 수 있는 바로 저편에만 머물러 있어야 할 것이다. 그런데 이 세상 만물을 위해 어떤 영혼이 존재해야만 했다면, 이 영혼과 더불어 어느덧 또 다른 에로스가[65] 이 영혼의 눈[眼]과 같은 실체로 출현해야 했을 것이다. 또한 이 에로스는 [이 영혼의] 욕구에서 생겨났다고도 말할 수 있다. 그렇다면 이 아프로디테(영혼) 자신은 이 세상에 속할 것이니, 이는 유일한 영혼도 순수한 영혼도 아니요, 이로부터 태어난 에로스 역시 이 세상에 속할 것이며, 이미 결합을 욕구하는 점에서 이 세상과 접촉해 있다고 할 것이다. 욕구하는 만큼 이 에로스는 위로 향하는

65) 《향연》, 180d에서 소크라테스가 아프로디테와 에로스는 쌍[천상적인 존재(οὐρανία)와 지상적인 존재(πάνδημος)]을 이룬다고 설명한 것을 플로티노스가 염두에 두고 있다.

욕구에도 익숙하다고 하겠으니, 그런 처지에서 젊은이들의 영혼을 움직여 그와 일체가 된 영혼을 위로 끌어올릴 것이다. 또한 그런 한에서 그렇게 끌어올려진 영혼은 이미 누렸던 저편의 세계에 대한 기억에 다다를 수 있을 것이다. 왜냐하면 이 세상의 모든 영혼은 (육체와) 결합된 가운데 '되어 가는' 어떤 존재로 살아가면서도 저 선(善)을 갈망할 것이기 때문이다. 그것은 또한 영혼 자신이 부단히 저편의 세계에 관심을 두고 있으며, 더욱이 영혼이 그로부터 유래했기 때문이다.

4. 그러면 각각의 영혼도 존재와 실체를 지닌 그런 에로스를 소유한다고 해야 할까? 아니면 무슨 연유로 전체 영혼, 곧 세계영혼[만]이 에로스를 소유할 뿐 우리 각자의 영혼과 그 밖의 다른 생명체에 깃든 모든 영혼들은 에로스를 소유하지 못한다고 보아야 할까? 그런데 보통 사람들은 정령이라는 말마디를 따라 에로스를 각 개인마다 뒤따르는 존재로 간주함으로써 각자의 영혼에 고유한 에로스가 수반된다고 생각한다. 왜냐하면 이런 에로스는 각 영혼의 본성을 따라 욕망들을 불러일으키는 장본인이라고도 보기 때문이다. 그것도 각 영혼 자체의 존재 조건에 맞춰서 긴장을 줌으로써 그 가치와 존재에 알맞은 사랑을 낳

도록 이끈다고 생각한다. 그런 점에서 실상 전체 영혼은 전체 에로스를 소유하고, 부분으로 머무는 각각의 영혼들은 저마다에 해당하는 에로스를 소유한다고 말할 수 있다. 그런 한에서 각 영혼은 전체 영혼과의 관계를 잃지 않고 꾸준히 그 관계를 유지한다. [184쪽] 이는 마치 모든 것들이 하나로 존재하는 것과 같다. 그래서 각각의 에로스도 전체 에로스와 관계를 맺을 것이다. 돌려 말해, 부분으로 머무는 에로스는 부분으로 머무는 영혼과 함께할 것이고, 보다 큰 저편의 에로스는 전체 영혼과 함께할 것이니, 모든 것 안에 머무는 [전체] 에로스는 모든 것들 곁에 그 어디서나 존재하게 될 것이다. 그래서 다시 그와 같은 하나의 에로스가 다수가 되어 존재하게 되는 셈이다. 그 에로스가 원하는 만큼 모든 것이 존재하는 그 어디에서나 출현할 것이요, 제 자신에 속한 부분들의 윤곽을 보여 주고자 원하는 만큼 그 모습을 드러낼 것이다. 아프로디테 역시 세상 전체 안에서 다수로 존재할 수 있다. 그러니 이 세상 안에서 에로스와 더불어 생겨난 정령들도, 그러니까 세상 전체를 대변하는 아프로디테에게서 흘러나온 정령들도 존재할 수 있다. 한편 저 아프로디테에게서 나누어진 다수의 에로스는 본래의 [전체] 에로스와 함께 그녀에게 의존하게 될 것이다. 만일 영혼이 에로스의 어미라면, 아프로디테가 곧 영혼인 셈이요, 에로스는 선을 향해 긴장을 고무시키는 영혼의 능력(energeia)인 셈이다. 그러므로 이 에로스가 각각의 영혼을 선의 본성으로 이끄는 점에서 저 위에 머물러 있는 영혼의 에로스를 우리는 신(神)이라고도 부를 수 있을 것이다. 이 신적인 에로스가 영혼을 저 편의 세계와 꾸준히 엮어 준다고 한다면, 반면 세상과 함께 뒤섞여 있는 에로스는 정령이라고 말할 수 있을 것이다.

5. 정령이란 그러면 무엇일까? 그의 본성에 관해서 플라톤의 《향연》 안에서도 말하고 있듯이, 바로 아프로디테의 탄생 축제에 페니아와 메티도스(Metidos, 기술의 신)의 아들 포로스 사이에서 태어났다고 보는 정령의 본성, 곧 다른 정령들의 본성은 물론 에로스 자신의 본성이란 대관절 무엇일까? 한편 세상(kosmos)을 의심하는 행위(hyponoein)가 플라톤에게서는 에로스라 일컬어지는데, 이때 에로스는 세상의 에로스가 아니다. 다시 말해 세상 안에서 태어난 에로스가 아니라는 것이다. 그러므로 세상이 곧 '행복하고도 자족적인 신'이라고 여기는 가르침에[66]

66) 《티마이오스》, 34b.

많은 이들이 반대하는 입장을 취한다. 더욱이 성인(成人) 남자에게서 동일한 의미로 활용되는 그런 관점에서 에로스는 신도 아니고 자족하지도 않는다. 오히려 영원히 결핍에 시달리고 있다. 게다가 이 세상이 영혼과 육체로 이루어졌다면, 그래서 그에게서 아프로디테가 세계영혼이라고 한다면, 한편 아프로디테는 에로스에게 주인 같은 존재다. 혹은 만일 마치 인간을 인간의 영혼과 동일하게 여기듯이,[67] [온전한 의미의] 세상을 세계영혼과 동일한 것으로 간주한다면, 에로스를 아프로디테라고 해야 할지도 모른다. 그렇다면 무엇 때문에 정령으로 존재한다는 에로스가 [온전한 의미의] 세상과 동일하게 여겨질 수 있겠는가? 더구나 다른 정령들은—그들은 엄연히 세계영혼의 존

---

67) 이는 플라톤의 《향연》에서도 다루는 주제(아리스토파네스의 연설)지만, 영혼을 곧 '인간'이라고 바라보는 태도는 플로티노스에게서 '육체성'에 비해 '영혼' 혹은 '정신적인 능력 및 세계'가 한 인간을 결정하는 주된 동인(動因)으로 자주 소개된다. 특히 그의 〈Enn. III 1〉에서 그는 "'우리 자신에 의한' 행위가 최선이니, 그런 식으로 언제든지 우리가 존재하는 한에서, 그리고 그런 만큼 본성적으로도 우리의 존재를 인정받기 때문이다(ταύτης γὰϱ καὶ φύσεως ἐσμὲν ὅταν μόνοι ὦμεν)"(10.10b~12a). 나아가 그는 "우리는 저마다 정신적인 우주(ἐσμὲν ἕκαστος κόσμος νοητός)"(〈Enn. III 4〉, 4.23f)라고 충고한다. 이 같은 전통은 뒤에 피치노에게서도 고스란히 등장한다. "그런 점에서 영혼이 곧 인간이라 하겠습니다(Ideoque anima erit homo)"(《사랑론》 IV, 3).

재로부터 빗어졌다는 이유로—[온전한 의미의] 세상과 동일할 수 없다고 보면서 말이다. [186쪽] 차라리 세상은 정령들로 합쳐진 어떤 결합체(sustasis)와 같다고 보아야 하지 않을까! 아니면 어떻게 대체 '아름다운 소년들의 감시자'라고 풀이한 에로스가 세상과 같을 수 있을까? '누울 곳도 없고, 신발도 없고, 거처(지붕)도 없다'고 하는 에로스가[68] 헐벗고 지저분한 것이 아닌 것과 도저히 일치할 수는 없지 않은가!

6. 한편 에로스에 대해, 그리고 그의 탄생에 대해 실제 무어라 설명할 수 있을까? 분명하게 짚어야 할 점은 정작 페니아는 누구이고 포로스는 누구인지, 나아가 이들이 어떻게 그의 부모로서 적합한지 생각하는 일이다. 분명 이 같은 설명은 다른 정령들에게도 적합하게 고려되어야 할 것이다. 더욱이 그들이 정령들인 한 다른 정령들에게도 한결같은 본성과 존재가 고려되어야 할 것이다. 그들이 그저 하나의 공통적인 이름만을 갖지 않는다면 말이다. 그러면 우리는 어떤 방식으로 또 어떤 경우 정령들과 신들을 구별할 수 있을까? 또한 우리가 다양한 방식으로 정령

68) 《향연》, 203d 참조.

들 또한 신들이라고 말하고 있다면 어떻게 구별할 수 있을까? 하지만 그 둘은 엄연히 서로 다르다. 우리는 그들의 부류(genos)가 서로 다르다고 말한다. [예컨대] 우리는 신들에게는 무감정(apathos)을 이야기하면서 그런 부류로 고려하는 반면, 정령들에게는 감정을 적용시킨다. 또한 [그들에게는] 신들에 이어 영원함을 덧붙이고 있으니, 이미 우리와 비교가 되는 그 영원함으로 인해 신들과 우리와 같은 부류 사이에 그들이 위치한다고 가늠한다. 그런데 대체 어떤 경우에 실제 그들(정령들)이 무감정의 상태로 머물러 있지 않고, 또 어떤 경우에 더 낮은 부류의 것을 위해 그 본성을 내어 주는가? 더 나아가 다음 사실도, 곧 처음부터 정령들은 정신(저 정신세계)과 하나로 존재하지 않았고, 이곳 세상 안에 비로소 정령들이 존재하게 되었던 반면, 신들은 저 정신 안에 거처를 취했다는 진술에 대해서도 꼼꼼히 살펴보아야 할 것이다. 혹은 '이 세상에서도 신들이 존재한다'고 하고, 사람들이 습관처럼 말하듯, 이 세상이 곧 '세 번째 신'이라고 하거나 나아가 달[月]까지 내려온 각각의 것들이 신이라고 진술하는 사실에 대해서도 살펴보아야 할 것이다. 이에 무엇보다도 유익한 사실은 그 어떤 정령들도 정신 안에 존재하지 않는다는 사실이다. 심지어 '원형의 정령(autoadaimōn)', 설령 이를 가리켜 신이라고 일컫더라도 정신세계 안에 존재하지는 않는다는 것이다. 또한 이 감각계 안에서 달까지 내려온 [소위] 신들을 가리켜 '보이는 신들'이라고 일컫고, 그들을 저편의 신들과 비교하여 저편 정신계에 자리하는 신들에 버금가는 '제2의 신들'이라고 일컫더라도 말이다. 그래서 그들이 저마다의 별 주변에서 빛나는 광휘처럼 저편의 세계에 종속한다고 하더라도 말이다. [188쪽] 이 정령들은 대체 무엇일까? 혹시 이 세상 안에 출현하는 영혼 곁에서 각 영혼에 의해 남겨진 흔적들일까? 그러면 무엇 때문에 굳이 세상 안에 출현하는 영혼 곁에서 생겨나는 것일까? 그 까닭은 순수한 영혼만이 신을 낳기 때문에! 나아가 사람들이 신을 가리켜 순수한 영혼의 사랑이라고 일컫기 때문일 것이다. 그렇다면 먼저 무엇 때문에 정령들이 모두 다 사랑은 아닌지? [궁금하다.] 다음으로 어째서 순수하지 못한 영혼들이 있고 또 그들은 왜 물질과 관계를 맺는지? [궁금하다.] 어쩌면 사랑의 정령들은 순수한 영혼이 선과 아름다움을 추구하는 중에 낳은 이들일지도 모른다. 그래서 그런 정령들은 그런 처지에서 순수한 영혼들이 낳았다고 말해야 할지도 모른다. [그러나] 그와 다른 정령들은 영혼에서 비롯되긴 했지만 [물질과 결합해 있는] 세계영혼에서 나왔다고 보는데, 그래서 그들은 삼라만상의 필요에 따라 저마다 다른 능력들을 가지고 생겨났기에, 세상의 모든 것들을 제각각 완성시키고 관리하는 데에 주력한다고 본다. 왜냐하면 세계영혼은 모든 개별 영혼들을 충족시켜 주어야만 했고, 그에 따라 정령의 능력들을 낳음으로써 자신의 전체성에 기여하도록 주재했기 때문이다. 그러나 어째서 정령들은 물질 같은 것과도 관계를 맺게 되었는가? 그들에게는 육체적인 요소가 없지 않은가! 만일 그렇지 않다면 정령들을 감각적인 생명체라고 말해야 하지 않는가! 더욱이 공기나 불에서 유래하는 물질을 덧붙여 받아들였으면 모를까? 또한 받아들여야만 했다면, 정령들은 앞서 말한 그런 것들과 본성적으로 구별되어야만 한다. 그로써 정령들이 뒤에 물질과 관계를 맺게 되는 것이 수순이니 말이다. 더욱이 순수한 존재는 모두 즉각적으로(euthus) 물질적인 것과 결합하지는 않는다. 그럼에도 많은 이들에게서 정령이란 존재에는 일부 육체적인 어떤 것, 그러니까 공기 혹은 불의 요소가 함께 자리한다는 가르침을 접하게 된다. 그러나 과연 무엇 때문에 그(정령)의 존재가 육체적인 것과 결합하는 것일까? 그 자체는 육체적인 것이 아니요, 그렇듯 육체적인 것과의 결합에 어떤 원인이 부재한다면 [그 같은 결합은] 불가능한 일이 아닌가! 그러면 무엇이 그 원인일까? [여기서] 우리는 정신적인 물질(hylē noēt ē)[69]을 전제해야만 할 것 같다. 그로써 저 정신적인 물질과 교제해 온 어떤 것이 그 스스로 육체적인 물질이라는 이 세상의 물질 안으로 들어올 수 있기에 말이다.

7. 그 때문에 에로스의 탄생에 관한 이야기 중에 플라톤은 "포로스는 넥타를 마셨고, 그때는 포도주가 아직 있기 전이었다"[70]고 말한다. 이는 에로스가 감각 이전에 태어났고 또 페니아가 정신의 본성에 참여했다는 말로 들린다. 페니아가 참여한 정신은 정신의 모상이나 저 정신으로부터 흘러나온 환영(幻影)이 아니라 [190쪽] 저 정신세계와 하나가 되고 [단단히] 결속해 있는 정신이다. 그래서

---

69) 6.44의 "정신적인 물질"이란 정령 이해를 위한 플로티노스의 특별한 발상이다. '정령'이 정신적인 존재로 간주되지만, 여전히 완전한 의미의 '정신 혹은 정신세계(천상계)'에 속하지 않는다는 점에서 '세상과의 유대'를 고려해야 한다고 하더라도, '썩어 없어져 버릴 물질'과 직결될 수 없다는 점도 양보하기 힘들기 때문이다(그의 〈Enn, II 4: 두 가지 물질에 관해〉 참조). 물론 이 "정신적인 물질" 개념은 이미 수학 및 기하학의 크기로도 이해되었던 만큼 생소한 개념은 아니다(아리스토텔레스, 《형이상학》, 1036a.9 이하, 1037b.5, 1045a.36 참조).

70) 《향연》, 203b. '포도주'가 세상의 감각적인 것을 대변한다면, 신들의 음료 '넥타'는 '천상적'인 것! 넥타는 나아가 정신세계에 속하는 것으로서 소위 '정신적인 물질'로도 여겨질 수 있을 듯하다.

페니아는 마치 형상들(eidē)과 불확정적인 요소(aoristia)를 함께 지닌 존재와 같다. 영혼은 다행히 선에 도달하기 전에 그런 형국에 놓여 있다. [다시 말해] 영혼에게 어떤 신적인 요소가 함께하며, 그로써 불확정적이고도 비결정적인 상상(phantasma)을 따라 에로스의 실체를 동반하게 되었다는 것이다. 그러므로 영혼의 로고스(이성)는 [충만한] 로고스가 아닌 것, 그러니까 비결정적인 충동과 불분명한 모습의 실체로 화(化)하고, 그런 모습으로 화한 것은 완전하지도 충분하지도 못한 것을 만들어 냈다고 하겠다. 에로스가 비결정적인 충동과 충만한 로고스 사이에서 생겨나는 한, 그렇듯 부족한 것들이 존재한다. 또한 에로스가 그 자체 안에 비결정적인 충동과 불합리한 이성과 불확정적인 요소를 배태하는 만큼 영혼의 로고스는 순수하지 못한 로고스임을 알 수 있다. 그렇듯 에로스가 자체 안에 비결정적인 본성을 붙들고 있는 한 결코 만족할 수 없을 것이다. 에로스가 영혼에게서 비롯했으니, 생겨난 것이 그 기원에 의지하듯 영혼에게 의지한다면, 그 자체로 머무르지 않고, 비결정적인 것과 뒤섞여 있는 그런 로고스에게서 생겨난 혼합체와 같이 존재할 것이다. 영혼의 에로스는 저편의 세계에 결속해 있는 [충만한] 로고스에서 비롯하기보다는, 자신에게서 나와 저편의 세계와의 결속을 위해 노력하는 그런 영혼의 로고스에게서 비롯했다는 것이다.[71] 그래서 사랑은 제 자신의 본성을 채우지 못하는 고통을 대변하기도 한다. 그 때문에 목적지에 도달하더라도 다시 허전함에 빠진다. 왜냐하면 결코 그런 [완전한] 결합에 다다를 수 없어서 충만함을 누리지 못하기 때문이다. 그도 그럴 것이 제 자신의 본성을 채운 자만이 참으로 충만함을 누릴 것이기 때문이다. 사랑은 자기 안에 존재하는 궁핍으로 인해 꾸준히 갈구한다. 한순간 채워지다가도 그것이 계속 유지되지 못한다. 사랑은 [본성적인] 궁핍으로 말하자면 자신에게 무기력하지만, 그가 결속해 있는 저 로고스의 본성으로 말하자면 힘이 넘친다.

정령으로 여겨지는 그 모든 존재가 이 같은 모습으로 존재하고 또 이런 식으로 이루어졌다고 생각해야만 할 것 같다. 왜냐하면 저마다의 입장에 따라 배치된 각각의 정령은 저편의 세계에 능히 관련된 만큼, 저편의 세계를 추구하고 [그렇게 추구하는] 사랑 자체와도 가까운 관계를 맺겠지만, 결코 충족시키지도 못하며 저편의 세계가 되지

---

71) 세계영혼의 '아들'로서 에로스는 그렇듯 동요하는 충동을 제 어미로부터 물려받았다(〈Enn. III 6〉, 7.13 참조). 영혼의 자식으로 에로스를 이해하려는 시도는 '아프로디테의 아들'로 에로스를 설명한 플라톤의 논의를 잇고 있다.

도 못한다. 어떤 정령은 부분으로 나누어진 선들을 추구한다. 그로부터 이 세상에 자리하는 선들도 정령들이 사랑으로 품은 것이라고 볼 수 있다. [한편] 순수하고 참된 선에 대해 사랑을 품는다는 것은 어떤 것을 취하려고 사랑을 품는 것이 아니다. 다른 것들을 지향하는 정령들도 [192쪽] 어떻게든 존재하기에, 저마다 다른 것을 지향하는 제각각의 정령이 존재해야 할 것이다. 그들은 순수하게 지녀왔던 비활동성(argos)을 포기하고, 다른 정령을 따라 적극적으로 활동한다. 이때 다른 정령이란 그들 안에서 적극적으로 활동하는 영혼과 [선을 추구하는] 부분들과의 조화에 의해 선택된 것이다. 나쁜 것을 추구하는 정령들은 그들 안에 일어나는 나쁜 욕망들에다 자신들이 품고 있는 사랑 일체를 가두어 버린다. 그것은 마치 천부적으로 주어진 올곧은 로고스를 후천적으로 생겨난 나쁜 견해(생각)들에다 가두어 버리는 것과도 같다. 한편 본성적으로 사랑을 품은 정령들과 본성에 따라 아름다운 정령들도 존재한다. 나아가 가치와 능력에 있어 조금 뒤떨어진 것들을 추구하는 조금 뒤떨어진 영혼과 관련된 정령들이 존재하는가 하면, '조금 더 우세한' 것들을 추구하는 '조금 더 우세한' 영혼과 관련된 정령들이 존재하기도 하는데, 그 모든 것들은 정작 존재(ousia)를 통해 결정된다. 다른 한편 본성(physis)을 거슬러 활동하는 정령들은 감정 자체에 떨어져 버림으로써 어느 순간에도 [독립된] 존재로나 존재다운 실체로 서지 못한 채 영혼의 추함에 의거하여 그와 닮은 [추한] 모습으로 드러나게 될 것이니, 그의 존재는 어느덧 기분과 습관적인 행동에 좌우되는 셈이다. 왜냐하면 참으로 선한 것들은 한계가 명확한 것들(ōrismena) 안에서 적극적으로 활동하는 영혼의 본성에 따라 존재로 서게 되는 것이 일반적 경향이기 때문이다. 반면 그와 다른 [악한] 것들은 영혼이 자신에게서 적극적으로 마련한 것이 아니다. 오히려 그런 것들은 감정들 외에 다른 것이 아니다. 이는 마치 거짓된 생각(환상)들과도 같으니, 그들 곁에선 어떤 존재(성)도 확보할 수 없고, 오로지 실재적으로 참되며 영원하고 한계가 명확한 것 곁에서만이 사유(思惟)와 사유한 것(사유 대상)과 있음(einai)이 동시에 밝혀질 것이다. 이는 순수한 것만을 가리키지 않고, 나아가 저마다의 영혼 안에서 실재적으로 사유한 것과 관련해서도, 그리고 저마다의 영혼 안에서 이뤄지는 사유와 관련해서도 유효하다. 실상 우리 각자의 영혼 안에도 깨끗한 사유와 사유한 것(대상)이 존재해야 한다. 그래야만 그렇듯 순수한 것이 동시에 우리에게도 의미 있는 것이 될 것이다. 그로써 또한 [순수한] 사랑이 우리를 저 순수한 것들에 속하게끔 이끌어 줄 것이다. 사유하는 이들이 그러하듯이 말이다. 그래서 만일 누군가가 부분적으로 사유한다고 하더라도, 자연히 그 뒤를 따라 아는 바가 떠오르듯이 말이다. 다시 말해 구체적인 삼각형이 두 직각(180도)으로 이루어졌음을 관찰하노라면, [저] 순수한 삼각형도 그에 준할 것이라고 자연스럽게 판단하게 되는 것처럼 말이다.

8. [194쪽] 한편 제우스 신은 누구이며, [플라톤이] "그의 뜰(정원)로 포로스가 들어왔다"[72]고 말할 때, 이 뜰은 무엇을 가리킬까? 다른 한편 아프로디테는 우리에게 영혼이요, 포로스는 만물의 로고스라고 말해 왔다고 할 때 말이다. 플라톤이 말한 이 '제우스 신'과 '그의 뜰'을 무어라 새겨들어야 할까? [이미] 아프로디테를 영혼으로 새겨들었던 만큼,[73] 제우스 신을 영혼으로 새겨들어서는 안 될 것이다. 실상 여기서도 플라톤이 《파이드로스》에서 말한

72) 《향연》, 203b.1.

73) 앞선 4.21에서 이미 '영혼이 에로스의 어미'요, 그 '영혼이 아프로디테'임을 시사했다. 이 같은 해석은 플로티노스 이전에도 시도되었다[예, 중기 플라톤주의자 아풀레이우스(Apuleius)의 《Metamorphosen》, 4.30 이하]. 플로티노스는 다른 중요한 작품(〈Enn. VI 9〉, 9.31)에서도 이와 동일한 견해를 밝힌다.

제우스 신을 고려해야 하겠는데, 그는 이 신을 가리켜 그의 말로 "위대한 통치자"[74]라고 했고, 또 다른 곳(책)들에서는, 내 기억에, 이 신을 가리켜 "세 번째 신"[75]이라고 불렀다. 《필레보스》에서는 보다 분명하게 말했으니, 그때 그는 "제우스 신 안에는 한편 왕다운 영혼과 다른 한편 왕다운 정신이 자리한다"[76]고 말하지 않았던가! 그래서 제우스 신을 위대한 정신이자 영혼이라 여기고 그 [존재] 원인들의 서열 안에 놓는다면, 다른 몇 가지 이유에서 보다 높은 자리에다 적합하게 배치해야 할 것이다. 왜냐하면 그가 '왕다운' 모습 나아가 '통치자'로서의 모습을 취한다고 했으니 말이다. 그런 모습은 정신(精神)에 부합하리라 보는 한편, 아프로디테는 그의 곁에서나 목격되는 만큼, 그에게서 나와 또 그와 함께 존재하는 아름다움 및 광채로서의 영혼으로서 어울린다고 볼 수 있을 것이다. 그래서 영혼의 순결함과 온유함을 두고 아프로디테라고 사람들이 일컬어 왔던 셈이다. 그래서 우리는 한편 신들 가운데 남성적인 신들을 가리켜 정신에 부합한다고 생각하고, 그

74) 《파이드로스》, 246e.

75) 《편지》 II, 312e.

76) 플라톤, 《필레보스》, 30d.

들 가운데 여성적인 신들을 가리켜 영혼에 부합한다고 생각한다. 각각의 정신 곁에 영혼도 함께한다고 보는 것처럼, 그와 같은 모습으로 제우스 신에게도 영혼이 함께하고, 그 영혼을 가리켜 아프로디테로 보는 태도가 다시금 사제들과 신학자들이 증언하는 그에 대한 진술 안에서 확인된다. 그래서 그들(사제들과 신학자들)은 헤라(Hera) 여신과 아프로디테를 동일한 존재로 소개하기도 하고, 하늘에 있는 아프로디테의 성좌(별)를 가리켜 헤라 여신의 것이라고도 칭한다.[77]

9. 다른 한편 포로스는 정신세계 안에 혹은 정신 안에 존재하는 것들의 로고스이면서 또 더욱더 불어나고 동시에 확장되어 가는 모습을 띠기에, 영혼과 함께 생겨나 영혼과 유사한 존재처럼 여겨진다. 왜냐하면 정신 안에는 단단히 융합된 상태라서 그 안으로 이질적인 것이 덧붙지 못하기 때문이다.[78] [신화에 따르면] 포로스가 술(포도주)

---

77) 당시 사제들과 신학자들이 '비너스(금성)'를 가리켜 '헤라의 별'이라고 불렀다(《플로티노스 전집》 Bd. V, 400쪽).

78) 이 글에서 의도하는 바는, 포로스가 남성이라는 점에서 '정신'에 빗대어 볼 수도 있겠지만, 실은 그렇지 않음을 설명하려는 것이다. 다시 말해 포로스는 만일 그렇게 비교하겠다면, 영혼에 비할 수 있을 뿐, 그

에 취해 버린 바로 그 상태에서 그의 충만함에 어떤 것이 추가적으로 덧붙여졌다.[79] 한편 저편의 세계에서 넥타로 가득 채워진 모습을 두고 우리는 무어라 말할 수 있을까? 아니면 보다 고상한 시원에서 보다 저급한 것으로 로고스가 추락한다는 것은 무슨 뜻일까? 그것은 곧 정신에서 생겨난 로고스가 영혼으로 존재하게 된다는 것이요, 그렇게 존재하게 된 로고스를 가리켜 아프로디테가 태어났다고, 그리고 제우스의 뜰로 들어갔다고 표현한 셈이다. [196쪽] 그렇듯 그 뜰은 온통 풍요로움의 광휘와 화려한 장관(壯觀)으로 빛났을 것이다. 그 뜰은 제우스의 로고스로 번쩍일 것이고, 그 화려한 장관은 그의 정신에서 쏟아져 나와 영혼에게서 드러나는 광채들을 가리킨다. 그렇지 않으면 대체 제우스 신의 석상들과 화려한 모습들을 배제한 무엇이 그의 뜰을 채울 것인가? 과연 그의 화려한 모습들과 조화로운 광경들이 그에게서 흘러나온 로고스들이 아니라면 무엇으로 설명될 수 있을까? 그런 로고스들이 이제 눈앞에 한꺼번에 포로스로, 풍요로움이자 아름다운 것들로

보다 고결한 정신 혹은 신은 아니라는 것이다.

79) 《향연》, 203b 참조. 아마도 페니아와의 결합을 염두에 둔 이야기로 들린다.

가득 채워진 어떤 것으로 드러난 셈이다. 물론 이는 넥타로 취한 상태를 가리킨다. 그도 그럴 것이 신들에게 넥타가 신적인 것(풍요로움)을 제공하는 것이 아니라면 무엇을 가리키겠는가? 정신 바로 아래에 뒤따르는 로고스가 그것을 제공할 것이다. 한편 정신은 스스로 만족한 상태를 향유하기에 더 이상 술에 취할 까닭이 없다. 더욱이 그에겐 추가적으로 취해야 할 것이 따로 없으니 말이다. 로고스는 정신의 산물(産物)이자 정신 이후의 실체(hypostasis)가 되면서 더 이상 정신 곁에 머무르지 못하게 되면서 정신과는 다른 어떤 존재가 되었다고 하겠으니, 그것은 제우스 신의 뜰 안에서, 말하자면 존재하는 것들 사이로 아프로디테가 실체를 드러내는 때에 맞춰 그녀의 자리가 마련되었다는 것이다.

신화(神話)들이란 그렇듯 계속 그 모습을 간직하고자, 그들이 이야기하는 것들을 시간에 맞춰 나누고, 한꺼번에 존재하는(homou onta) 존재들 가운데 많은 것들을 서로로부터 하나하나 나누어야 한다. 그래서 그들 사이에 존재 가능한 것들을 구분해서 소개한다. 이때 신화는 생겨나지 않은 것들에 대한 설명은 물론 그 생성 과정 또한 엮어 내며, 한꺼번에 존재하는 것들을 그들 사이에서 차별화하여 드러내 보여 준다. 그렇듯 신화는 최대한 풀어서 이야기함으로써 마침내 이를 납득한 이에게 그런 구별 및 구분을 다시 해소하는 것을 허락한다. 그런 구분의 해소(sunairesis)란 납득한 영혼이 이제 정신과 합쳐져 정신으로부터 실체(본질)를 취해 로고스들로 충만해짐으로써 아름다운 것들로 꾸며진 아름다움을 알아보고 그 풍요로움을 충분히 누리는 것을 뜻한다. 그것은 마치 영혼이 자신 안에서 수많은 황홀한 것들과 그 모든 아름다운 것들의 모상들을 바라보는 것과도 같다고 하겠다. 아프로디테가 그 모든 것을 대변한다면, 그녀 안에 자리하는 모든 로고스들은 풍요로움을 가리키며, 저 포로스(풍요로움)는 저 위로부터, 곧 저편의 세계에서 흘러나온 넥타의 결실인 셈이다. [198쪽] 그녀 안에서 빛나는 황홀한 것들은 마치 생명 안에 들듯 제우스의 뜰 안을 거닌다고 말할 수 있을 것이다. 거기서 포로스는 깊이 취한 상태에서 잠들었다고 전한다.[80] 말하자면, 신들이 그와 똑같은 복된 삶을 영위한다고 할 때, 그들 안에는 생명력과 존재 능력이 충만한 연회가 항상 벌어지고 있는 셈이다. 항상 그렇듯 필연적으로 영혼이 보다 나은 것과 보다 선한 것을 추구함으로써 밝혀지는 실체가 있으니, 거기에는 항상 사랑이 존재해 왔

80) 앞의 책, 203d 참조.

으며, 그 사랑으로 말미암아 영혼 또한 존재해 왔다고 하겠다. 이 사랑은 일종의 혼합된 무엇이라고 하겠는데, 그것은 그가 채워지기를 바라는 한 어떤 궁핍에 시달리는가 하면, 또한 찾고 있는 그 부족한 것을 그가 의식하고 있는 한 풍요로움을 누리기에 모자람이 없다는 것이다.[81] 왜냐하면 사실 사랑은 선을 언제든 찾아 나설 만큼 선에 [대한 지식에] 있어 전혀 모자람이 없기 때문이다. 그런 점에서 에로스가 포로스와 페니아 사이에서 태어났다고 말하는 것이요, 그런 한에서 부족함과 추구하는 노력과 로고스에 대한 기억이 동시에 영혼 안에 자리함으로써 영혼이 선을 지향하는 능력을 낳았다고 할 때, 이것이 사랑이라는 것이다. 그에게 어미가 페니아인 까닭은 궁핍한 것들을 추구하는 노력이 항상 멈추지 않기 때문이다. [내가 볼 때] 그 페니아는 물질을 가리킨다.[82] 왜냐하면 물질은 또한 모든

---

81) "찾고 있는 그 부족한 것을 그의 곁에 지니고 있는 한 풍요로움을 누리기에 모자람이 없다(υὐκ ἄμοιρον δὲ εὐπορίας, ᾗ οὗ ἔχει τὸ ἐλλεῖπον ζητεῖ)"는 것이 직역인데, 앞선 논의 및 이후 문장을 통해서 알 수 있듯이 '사랑'은 부족한 것이 무엇인지 충분히 알고 있다는 점에서 풍요로움을 누릴 수 있다고 여겨진다.

82) 〈Enn. III 6〉, 14.9 이하 참조. 플루타르코스의 설명(《De Iside et Osiride》, 374d)에 의하면, '페니아'를 '물질'로 해석하는 시도는 오래전부터 있었다.

것들을 아쉬워하면서도 선(善)에 대한 욕망에 있어 불확정적이기—불확정적인 까닭은 그렇듯 아쉬움을 채우려고 노력한다고 해도 물질 안에는 그 어떤 형상도 로고스도 자리하지 않기—때문이다. 추구하는 자로 하여금 얼마만큼의 양을 추구하도록 고무시키는 것은 물질적인 특징이다. 다른 한편 그것(선)을 향해 나아가도록 이끄는 형상은 오로지 자신 안에 머물러 있다. 그래서 선을 추구하는 자가 그에게 가까이 끌어들인 것 안에 물질을 수용하게 된 것은 그렇게 수용한 것을 준비시키려는 것이다. 이렇듯 에로스는 의당 물질적인 어떤 측면을 지니고 있다. 또한 이 에로스는 선에 대한 궁핍에 시달리면서도 그렇듯 절실히 느끼는 크기만큼 선을 얻고자 노력한다는 점에서 영혼에게서 태어난 정령이라 하겠다.

해설

오늘날 '아름다움(美)'에 대한 판단은 실로 다양하게 이루어지고 있으며, 다양한 만큼 난해하다. 특히 인터넷 시대를 맞아 과거에 비해 더더욱 잦아지는 소위 '예술'과 '외설'의 시비 문제든 예술적 패러디(parody)와 저작권 침해의 법적 공방이든 그로부터 우리가 경험하는 미적 판단은 점점 더 상대주의적인 입장으로 굳어 가는 것 같다. 그래서 아예 아름다움에 대한 객관적 판단은 불가능한 것처럼 여겨지기까지 한다. "원숭이의 장난이 썩 괜찮은 작품이 될 수 있다면, 도대체 예술은 무엇하러 존재하는가? 하나의 사물을 작품으로 만들어 주는 게 '이론'이라면 예술가들은 대체 왜 존재하는가? 보드리야르는 《르 몽드(Le Monde)》지(紙)와의 인터뷰에서 '현대 예술은 무가치하다'고 말했다. 실제로 현대 예술 중에 그것을 둘러싼 액자값을 하는 게 얼마나 될까? 그런데 왜 무가치한 것이 그렇게 높이 평가되고, 높은 가격에 팔리는 것일까? 보드리야르에 따르면 그것은 어떤 '공모'의 결과다".83)

현대에 널리 유포된 이 같은 상대주의적인 입장, 심지

어 예술 자체의 순수성만을 고집해야 한다는 입장을 우리는 어느 선까지 수긍해야 할까? 더 이상 객관적인 미적 판단은 불가능한 것일까? 이 같은 맥락에서 플로티노스의 '아름다움에 관한 논의'는 분명 우리에게 생각할 거리를 제공할 것이다.

먼저 이 책에 실린 〈Enn. I 6: 아름다운 것에 관해〉와 〈Enn. V 8: 정신의 아름다움에 관해〉는 '아름다움'을 주제로 한 플로티노스의 대표 작품이다. 이에 플로티노스 연구자들은 또 하나의 작품 〈Enn. VI 7: 정신세계의 다수성 및 그에 따른 선에 관해〉를 추가하여 아름다움에 관한 주제를 다루는 중요한 작품으로 취급한다.[84] 상기 두 작품(〈Enn. I 6〉과 〈Enn. V 8〉)을 읽어 나갈 때 최소한 다음과 같은 점을 주목할 필요가 있어 보인다. 예컨대 플로티노스는 '아름다움'을 어떻게 정의하고 있는가? 그가 자신의 입으로 플라톤(Platon)의 사상을 그대로 전달하고 해석하는 자임을 스스로 밝혔다 하더라도 미적 판단에서 플로티노스와 플라톤은 어떤 차이가 있는가? 최소한 두 인물의

---

83) 진중권, 《미학 오디세이 3권》(휴머니스트, 2005), 353쪽.

84) 김태규, 〈플로티노스에 있어서 '아름다움'에 관한 논의〉(《중세철학》, 제14호, 2008) 참조.

생존 시기가 약 600년이라는 시간적 간격을 갖는 한 그로부터 초래되는 차이가 없다고 말한다면 그것도 매우 이상하게 들릴 것이다.

피타고라스학파가 도입하고 플라톤(《티마이오스》, 66a, 69b, 87c) 및 아리스토텔레스(Aristoteles)가 채택했던 개념이었고, 나중에 스토아학파 또한 계승한 '비례관계[symmetria(좌우대칭/균형)]'가－스토아학파는 색채(chroa)도 추가했음!－무엇보다도 도마 위에 오른다. 플로티노스는 그와 같은 물질적 복합체에 대한 미적 판단에는 한계가 있음을 지적한다. 비례관계는 비록 아름다운 "형상"에 대한 다양한 표현의 하나이긴 하지만, 복합체가 아닌 정작 '순수한 것', 나아가 '정신적인 존재'에 대한 미적 판단에는 도움이 되지 못한다는 것이다.

결국 물질적인 아름다움의 기초가 되는 정신적인 아름다움에 관심을 기울여야 바람직할 것이요, 나아가 그런 정신적인 모든 아름다움에 원천이 되는 아름다움, 곧 '아름다움(들)의 아름다움'을 알아내도록 노력해야 할 것이라고 제안한다. 분명 플로티노스에게서도 플라톤의 경우처럼, 미(美)는 선(善)과 다르지 않다. 그래서 "선의 이데아(ἰδέα τοῦ ἀγαθοῦ)"는 곧 "아름다움의 이데아(ἰδέα τοῦ καλοῦ)"[《국가론》, 509a, 《파이드로스(Phaidros)》, 246de,

《향연》, 210b, 211ab 참조]이기도 하다. 예컨대 "오히려 [참되게] 존재하는 것이 미(美)요, 그와 다른 모습이 추(醜)다. 그것이 또한 첫 번째 악(惡)이다. 그래서 그곳(존재)에서는 선한 것과 아름다운 것 혹은 선과 미가 동일하게 보인다"(〈Enn. I 6〉, 6.22~26). 그래서 만일 우리에게 '아름다움'을 추구하는 것이 자연적인 바람으로서 당연하다면, 그것은 우리 존재의 자기실현으로서 의미가 있기 때문이라고 결론을 내린다. "그 어떤 영혼도 만일 스스로 아름다움에 관계하지 못한다면, 아름다움을 볼 수 없을 것이다. 만일 누구든지 신과 미를 직관하고 싶다면, 먼저 온전히 신과 같이(θεοειδὴς) 되고자, 또 온전히 아름다워지고자 애써야 한다"(〈Enn. I 6〉, 9.31~34). 한마디로 존재의 실현[γίγνεσθαι(come into being)]이 관건이다. 이것이 플로티노스의 미학에 관한 철학적 입장이다.

한편 플로티노스의 궁극적인 '아름다움의 아름다움' 개념은 역설적으로 들린다. 예컨대 "선(善)-'하나'로서 저편의 세계-은 미의 원천이요, 근거"라고, 혹은 그 안에는 "선도 첫 번째 미(καλὸν πρῶτον)도 함께한다"고, 그렇게 "미 역시 저편에 존재한다"(〈Enn. I 6〉, 9.40~45)고 말이다. 저편의 세계와 연계된 "미"는 곧 "형상이 없는 것(τὸ ἀν εῖδεον)으로서의 아름다움"(〈Enn. VI 7〉, 32.9) 혹은 "아름다움을 넘어서 있는 아름다움(κάλλος ὑπὲρ κάλλος)" (〈Enn. VI 7〉, 32.29)을 가리킨다. 플로티노스에게서 모든 것들의 궁극적 존재 원천이자 그 목적으로서 '하나'는 이 세상에서 흔히 경험되는 "이런저런 형상(μορφὴ)은 물론 그 어떤 힘도 나아가 앞서 생겨나서 계속 잔존하는 그런 모든 능력들과 함께하지 않고, 오히려 그런 모든 능력들 너머에, 그리고 모든 형상들 너머에 존재해야만 한다" (〈Enn. VI 7〉, 32.6~9)는 점에서, '하나의 미' 혹은 그와 동일한 의미로서 아름다움은 "모든 아름다움을 넘어선 아름다움", 그래서 이렇게 말해도 좋다면, "초미(超美)의 미 (ὑπέρκαλον)"(〈Enn. V 8〉, 8.21)라는 것이다.

그러면 어떻게 그 같은 "초미의 미"에 이를 수 있을까? 이는 물론 플로티노스에게 매우 중요한 과제였고, 따라서 그에 대한 적절한 자세에 관한 논의는 플로티노스 철학의 핵심을 이룬다고 해도 과언이 아닐 것이다. "눈을 감아라!"(〈Enn. I 6〉, 8.23 이하), "네 자신에게로 돌아가서 자신을 직시하라!"(〈Enn. I 6〉, 9.5~6), 우리에게 "속한 것"을 기억하라! (〈Enn. V 8〉, 13.19~21), "빛 혹은 조명을 받아라!"(〈Enn. VI 7〉, 31.1 이하) 나아가 "사랑으로 하나가 되라!"(〈Enn. VI 7〉, 34.14 이하). 그와 같은 충고가 궁금해지기 시작한다면, 다음과 같은 그의 신화적인 설명도 기억할 필요가 있어 보인다. "우리는… 마법을 부리는 키르케(Kirke)나 [거대한 괴물] 칼립소(Kalypso)에 의해서 갇혀 지내는 오디세우스(Odysseus)와 같이 [골짜기에] 갇혀서 비록 보는 것들을 통해 쾌락을 얻고 다양한 감각들로 함께할 수 있는 아름다움에 묻혀 지내더라도 만족을 느끼지 못하면서 이 세상에 머물러 있는 것인지도 모른다. 그러나 우리의 고향은 바로 우리가 태어난 곳으로서 이곳이 아니다"(〈Enn. I 6〉, 8.18~22).

〈Enn I 6〉, 4장 말미에서 '사랑이 소개되듯이, 또 여기에 소개하지 못한 매우 긴 작품(〈Enn. VI 7〉, 34)에서도 '사랑'이 언급되듯이, 사랑은 '아름다움'과 직결된 개념이다. 이미 짐작하듯 플라톤의 작품 《향연》의 주제가 사랑이다. 특히 '미의 여신' 아프로디테(Aphrodite)의 탄생을 축하하는 연회 때, 제우스(Zeus) 신의 뜰 안에서 포로스(Poros)와 페니아(Penia) 사이에 태어난 에로스(Eros)는 고대인들에게 오랫동안 사랑의 의미를 되새기고자 할 때마다 재고되었다. 좀 더 알려진 고대 사상가들만 거론하더라도 플라톤 이전의 인물로서 헤시오도스(Hesiodos), 파르메니데스(Parmenides), 엠페도클레스(Empedokles)가 지금까지 단편으로만 전해져 오는 사랑을 이야기했고, 한때 플라톤이 배웠던 동시대의 에우클레이데스(Eukleides)

나 심미아스(Simmias), 안티스테네스(Antisthenes), 크세노폰(Xenophon)이 사랑에 대한 책을 남겼다. 이후 아리스토텔레스, 소요학파의 테오프라스트(Theophrast), 스토아학파의 클레안테스(Kleanthes)와 크리시포스(Chrysippos) 역시 사랑에 대해 입장을 밝혔다. 훨씬 후대에 살았던 플로티노스는 〈Enn. III 5〉 서두에서 비록 그 모든 인물들을 언급하지 않았다 하더라도, 분명히 사랑에 대한 다양한 견해와 해석이 전해져 온다는 사실을 염두에 두고 있다. 그러면서도 그는 플라톤의 작품 《향연》과 《파이드로스》를 천착하여 다른 사상가들의 다양한 견해들을 집약하는 재치를 발휘한다. 저 천상의 '에로스(Ἔρως)'와 우리 곁에서 경험되는 사랑(ἔρως)의 차이는 무엇인가? 그와 더불어 두 아프로디테의 모습은 실제 무엇을 의미하는가? 저 에로스는 신(神)인가 아니면 정령(精靈)인가? 우리에게 사랑은 무엇을 함의하는가?

"이 사랑은 일종의 혼합된 무엇이라고 하겠는데, 그것은 그(사랑)가 채워지기를 바라는 한 어떤 궁핍에 시달리는가 하면, 또한 찾고 있는 그 부족한 것을 그가 의식하고 있는 한 풍요로움을 누리기에 모자람이 없다는 것이다(οὐκ ἄμοιρον δὲ εὐπορίας, ᾗ οὗ ἔχει τὸ ἐλλεῖπον ζητεῖ). 왜냐하면 사실 사랑은 선을 언제든 찾아 나설 만큼 선에 [대한 지식에] 있어 전적으로 모자람이 없기 때문이다. 그런 점에서 에로스가 포로스와 페니아 사이에서 태어났다고 말하는 것이요, 그런 한에서 부족함과 추구하는 노력과 로고스에 대한 기억이 동시에 영혼 안에 자리함으로써 영혼이 선을 지향하는 능력을 낳았다고 할 때, 이것이 사랑이라는 것이다"(〈Enn. III 5〉, 9.42~48).

이 번역서는 상기 플로티노스의 작품 세 권을 집필된 연대순으로 소개했다. 참고로 말하자면 〈Enn. I 6: 아름다운 것에 관해〉는 플로티노스의 첫 번째 작품이고, 〈Enn. V 8: 정신의 아름다움에 관해〉는 서른한 번째 작품이며, 〈Enn. III 5: 사랑에 관해〉는 쉰 번째 작품이다.

지은이에 대해

플로티노스(Plotinos, 204/205~269/270)는 고대 후기 그리스 철학자다. 플라톤 사상에 몰두해서 가르쳤기에 사람들은 그를 '신플라톤주의의 창시자'라고 평한다. 북아프리카의 리코폴리스(Lykopolis)에서 태어나 로마 제국의 영향력 있는 사상가로 활동했다. 예컨대 고르디아누스(Gordianus) 3세의 페르시아 원정에 참여했고, 나중에 갈리에누스(Gallienus) 황제와 그의 부인 솔로니나(Solonina)의 신임을 받아 플라톤 왕국(Platonopolis)의 건설을 제안받기까지 했다. 몸소 네 번이나 신적 체험을 했다는 그는 만 마흔아홉 살의 나이가 되어 비로소 자신의 생각을 글로 남기기 시작했다고 한다. 비록 지병으로 풍을 앓아 시력이 좋지 않았지만, 언제든 토론을 즐겼던 성격의 소유자라 때로는 며칠씩 식음을 전폐하고서라도 몰입하는 열정을 자주 보였다고 한다. 부드러우면서 공정한 인품 때문에 그를 찾는 사람들이 많았고, 그를 후원해 주는 사람도 많았다고 한다. 플라톤의 사상에 심취했던 만큼 육체에 비해 영혼에 더욱더 관심을 기울였으니, 그의 가족 및 성장에 관한 이야기는 전해 오는 것이 없다[포르피리오스(Porphyrios)의 《플로티노스의 생애》 중에서].

다행히 그의 제자 포르피리오스에 의해 플로티노스의 작품 54권이 지금까지 잘 보존되어 전해져 온다. 포르피리오스는 스승의 전 작품을 9권씩 묶어서 총 6집으로 편집했다. 이때 그는 나름대로 스승의 뜻을 숙고했던 것으로 보인다. 숫자 9(ēnneas)는 '완성'의 의미를 띠었기에, 그렇게 스승의 가르침이 완전한 것임을 말하고 싶었던 것 같다. 그래서 오늘날 플로티노스의 작품을 가리켜 '엔네아데스(Enneades)'라고 칭한다. 6집으로 배치된 작품들의 내용 및 주제를 보더라도 포르피리오스가 막연하게 편집하지 않았음을 엿볼 수 있다.[85)]

85) 자세한 작품 목록은 이미 출간된 플로티노스 관련 서적, 예컨대 옮긴이의 《플로티노스》(살림, 2006), 87쪽 이하 및 《플로티노스의 중심 개념: 영혼-정신-하나》(나남, 2008), 190쪽 이하를 참고할 수 있다.

옮긴이에 대해

조규홍은 독일 오토-프리드리히대학교(밤베르크)에서 〈영원의 모상으로서 시간(Zeit als Abbild der Ewigkeit): 플로티노스의 〈영원과 시간에 관해(Enn. III 7)〉 해제 및 번역〉(Peter Lang, 1999)으로 박사 학위를 받고 귀국 후 여러 대학에 출강하였고, 현재는 농사와 번역일을 병행하고 있다. 저서로는《시간과 영원 사이의 인간 존재》(성바오로, 2002),《플로티노스》(살림, 2006),《플로티노스의 철학》(누멘, 2008),《행복을 위한 마음공부》(누멘, 2018)가 있고, 번역서(해제 포함)로는 한국연구재단 명저 번역 지원 사업 아래《다른 것이 아닌 것》(나남, 2007),《플로티노스의 중심 개념: 영혼-정신-하나》(나남, 2008),《사랑에 관하여: 플라톤의 〈향연〉 주해》(나남, 2010)가 있으며, 그 밖에 번역서로《엔네아데스》(지식을 만드는지식, 2009),《플라톤주의와 독일 관념론》(누멘, 2010),《헬레니즘 철학사》(한길사, 2011),《원인론》(대전가톨릭대학, 2013),《신약성경신학 1-4권(공역)》(가톨릭, 2007-2015),《마이스터 에크하르트》(대구가톨릭대학교,

2016),《신학대전 해설서 1-3권(공역)》(수원가톨릭대학, 2019-2021),《일반인을 위한 교의신학》(가톨릭, 2017),《신학과 교회》(수원가톨릭대학, 2022),《사랑, 신과의 만남》(가톨릭, 2023) 등이 있다.

원서발췌 엔네아데스

지은이 플로티노스
옮긴이 조규홍
펴낸이 박영률

초판 1쇄 펴낸날 2015년 12월 24일
개정1판 1쇄 펴낸날 2025년 8월 29일

커뮤니케이션북스(주)
출판등록 제313-2007-000166호(2007년 8월 17일)
02880 서울시 성북구 성북로 5-11
전화 (02) 7474 001, 팩스 (02) 736 5047
commbooks@commbooks.com
www.commbooks.com

ISBN 979-11-430-1121-3 03160

책값은 뒤표지에 있습니다.